赤ちゃんの泣きに秘められている恵みのヒミツ

「オギャーオギャー」の泣きは
赤ちゃんの宝物

こども発達支援ホーム
いわしろ 施設長
井上 正信

文芸社

まえがき

私は60年余り、幼児の障害児教育に携わってきました。その間、さまざまな障害児と出会いました。自閉症児との出会いは、昭和46（1971）年から始まり現在に至っています。従って、自閉症児の療育の曙の時代から、自閉症児の療育に携わってきたことになります。

その間私は、自閉症児の療育において、さまざまなとりくみを試みました。自閉症児が、人との接触を嫌がったり、真夜中に目を覚まして、泣いたり笑ったりする行動に着目して、あみだしたのが「呼吸援助抱っこ」というとりくみです。

呼吸援助抱っこのとりくみは、望外な成果をあげることができました。自閉症の問題行動の改善を図ることができたのです。

たとえば、視線が合わない、人と関わることができない、パニックを起こす、こだわりがある、刺激臭を好む、偏食がひどい等々の問題行動の改善を図ることができたのです。接触嫌いも改善されて、抱き手と密着する抱っこを受け入れて、子どもの方から「抱っこしてー」と抱きついてくるようになりました。

こうした変容ぶりから、私は自閉症児のとりくみには、呼吸援助抱っこが不可欠なものであるという確信を持つに至りました。

さて、呼吸援助抱っこの成果は、目をみはるばかりのものがありましたが、問題は呼吸援助抱っこをすると、大泣きをしたり、強い抵抗を出すことです。自閉症児は接触嫌いですから、大泣きをしたり抵抗が出ることは予想していたことでした。ところが、呼吸援助抱っこのとりくみの直後には、不思議なことが起こりました。

それは、先刻までの泣きや抵抗が嘘のように、おだやかな表情となり、抱き手に身をゆだねてくるようになることです。

さらに、驚くべきことは、子どもが深い腹式呼吸ができるようになることです。また、呼吸援助抱っこの直後に、子どもの方からアイコンタクト（目でのおつきあい）をとってくるようになることです。その時の子どもの表情は、赤ちゃんのようにあどけない表情です。さらに、抱っこを続けると、赤ちゃんのようなふるまいを出すようになることです。

たとえば、オッパイを飲みたがったり、オムツをつけたがったり、這い這いをしたり、「シマンマアブブ」と言ったり、後追いをするようになるのです。赤ちゃん返りによって、子ども自らが0歳代の発達をたどりなおすのです。

ところで、私はかねてより、赤ちゃんの発達に関心があり、考察を進めていました。呼吸援助抱っこの成果と赤ちゃん返りをまのあたりにして、私は呼吸という視点から、赤ちゃんの発達を考察するようになりました。

その結果、赤ちゃんの泣き、すなわち「オギャーオギャー」の音声についての考察をするに至りました。考察を進めるうちに、赤ちゃんが「オギャーオギャー」の音声を出すと、人々は泣いているといいますが、泣いているの一言ではすまされないほど、赤ちゃんの「オギャーオギャー」の音声は、奥深いことがわかりました。

「♪ねんねこしゃっしゃりませ　寝た子のかわいさ　起きて泣く子の　ねんころろ　つらにくさ　ねんころろん　ねんころろん」の歌にあるように、泣きはとかく敬遠されがちですが、赤ちゃんの泣きには、たくさんの恵みが秘められていることが追究できました。

これから、赤ちゃんの泣きに秘められている恵みを紹介いたします。

赤ちゃんの泣きに秘められている恵みを知ったら、赤ちゃんの泣きをこれまでとは違った思いで受けとめられるようになることでしょう。さらに、赤ちゃんには泣くことが必要であることがおわかりいただけることでしょう。

私は、赤ちゃんの泣きについてのイメージが、明るくなることを願っています。

目次

第3章　みつめる目

第1章

赤ちゃんの「オギャーオギャー」の泣き

1　赤ちゃんの泣き

「♪ねんねこしゃっしゃりませ　寝た子のかわいさ　起きて泣く子の　ねんころろ　つらにくさ　ねんころろん　ねんころろん」

産声

産声ってなあに？　それは生命の誕生を告げる声です。産声は赤ちゃんの誕生を心待ちしていた人々に大きな喜びと感動を与えます。

母親は「オギャー！」の産声を感動をもって、胸におさめます。

ところで、「オギャー！」の産声はどうして出るのでしょうか？

赤ちゃんは、胎児の時は、胎盤を通して酸素をとり入れる内呼吸をしています。それが、誕生すると肺呼吸に切りかわり、自力で肺呼吸をするようになります。

「オギャー！」の産声は、肺呼吸が始まることによって出る音声なのです。

赤ちゃんの誕生を心待ちにしていた人々は、声が大きいと「元気な赤ちゃんだ！」と大きい産声を賞賛します。しかし、産声を上げて呼吸を始めるにもかかわらず、赤ちゃんには数ヵ月間は呼吸がうまくできないという宿命が待っています。

この宿命が、「オギャーオギャー」の音声を出させます。

「オギャーオギャー」の音声はなあに？

赤ちゃんが「オギャーオギャー」の音声を出すと、人々は泣いているといいますが、本当に泣いているのでしょうか？　このことを考えてみましょう。

ちょっとお手間をとらせますが、あなたも「オギャーオギャー」の音声を出してみてください。「オギャーオギャー」の音声を出す時の呼吸はいかがですか？

息を大きく吐く時に「オギャーオギャー」の音声が出ることに気がつきませんか？

実は、赤ちゃんも同様です。つまり、「オギャーオギャー」の音声は息を大きく吐くことによって出るものです。従って、「オギャーオギャー」の音声は、呼吸の営みから出る呼気音なのです。無意識に出る呼気音ですから、赤ちゃんの気持ちは音声にふきこまれていません。

ということは「オギャーオギャー」の音声は、私どもがイメージしている泣き声とは、程遠いものだということです。

では、どうして赤ちゃんは息を大きく吐くのでしょうか？

それは、生まれて数ヵ月間は呼吸器官の機能が未熟であるために、必要とする酸素をとり入れるだけの呼吸ができないからです。そのために、しばしば息苦しい事態におちいります。私どもは問題なく呼吸ができているので、赤ちゃんも問題なく呼吸ができていると思っていますが、実はうまく呼吸ができないという宿命をかかえています。

生まれたばかりの赤ちゃんに、そんな試練があるとはかわいそうですね。

私どもも100m競走をした直後は、息苦しくなり、「ハーハー」と大きく息を吐いて呼吸をととのえますね。赤ちゃんも同様で、呼吸をととのえるために大きく息を吐くのです。

では、いつまでも「オギャーオギャー」の音声は、無意識な呼気音であるかというと、3〜4ヵ月頃になると、意識ある音声へと成長していきます。

赤ちゃんは3～4ヵ月頃になると、「オギャーオギャー」の音声に意思や欲求をふきこんで、私どもがイメージする泣き声へと成長させます。

でも、不思議ですね。生まれたばかりの赤ちゃんが「オギャーオギャー」の音声を出すと誰もが泣いているというのです。大昔から泣いていると言われてきたからでしょうか？生まれて数ヵ月間の「オギャーオギャー」の音声は、無意識に出る呼気音であることを知らないからでしょうか？

私なりに、なぜ大昔から泣いていると言われてきたかを考えてみると、赤ちゃんが「オギャーオギャー」の音声を出す時の表情が、幼児が口を大きく開けて「アーンアーン」と泣く時の表情を連想させるからではないかと思います。また、「オギャーオギャー」の音声が子どもの「アーンアーン」の泣き声を連想させるからではないかと思います。

泣きについての先人のことば

先人は、赤ちゃんの泣きについて名言を残しています。

それは、「泣くことは赤ちゃんのお仕事」と「泣くと肺が丈夫になる」という言いまわしです。

赤ちゃんは実によく泣きます。たびたび泣かれると、そんなに泣かないでとお願いしたくなります。泣くたびにお世話をする人は大変です。そうした時、「泣くことは赤ちゃんのお仕事」という言いまわしを思い出して、そうか泣くことは赤ちゃんのお仕事だったと思うと立ち直れるものです。

また「泣くと肺が丈夫になる」の言いまわしは、泣いて肺が丈夫になると思うと泣きを是認する気持ちになります。いずれも泣きを肯定的にとらえたものです。

昔も赤ちゃんの泣きにふりまわされていたのですね。でも、いずれも赤ちゃんの泣きについて的を射た言いまわしで感心させられます。泣きの対応に追われる母親を励ますためのものだったと思います。

育児の主体は赤ちゃんです

母親は、出産が近づくと、私に赤ちゃんを育てることができるかしらと不安になったり、赤ちゃんを育てるようになると、この育て方でいいのかしらと心配になるものです。でも大丈夫です！　先輩の母親たちも悩みながら、母親業をこなしました。赤ちゃんも育ちました。

私が大丈夫というのは、世間では育児の主体は養育者、すなわち大人にあると考えられていますが、育児の主体は赤ちゃんの方にあるからです。

育児書を見ると、新生児の欄には、新生児の生活や抱っこの仕方やオムツ替えの仕方や沐浴《もくよく》の仕方などのお世話のことが説明されています。これを読むと、育児の主体は大人にあり、育児とは、お世話をすることかと思わされてしまいますね。

実は、赤ちゃんには、生まれつき心身の発達のプログラムが備えられています。赤ちゃんは、備えられた心身の発達のプログラムに従って発達します。

育児とは、赤ちゃんが心身の発達のプログラムが順調に開花できるように援護することなのです。援護しようとすると、必然的にお世話が生じますが、育児とはあくまでも援護なのです。

ここで考えたいことは、どのようにしてお世話が起こるかということです。たとえば、授乳ですが、母親は自分がオッパイを飲ませるお世話をすることで、赤ちゃんがオッパイを飲むことができると思っています。確かにそのとおりですが、実は、オッパイを飲ませるお世話をひきだしているのは、赤ちゃんの泣きです。

赤ちゃんがお腹がすいて泣くので、母親がオッパイを飲ませるのです。つまり、授乳というお世話は、赤ちゃんがひきだすものなのです。

こう考えると、授乳に限らずお世話は、赤ちゃんの泣きがひきだしていることに気がつきますね。こうしたことから、育児の主体はお世話をする母親にあるのではなく、赤ちゃんにあることがわかります。

私が冒頭で「心配しなくても大丈夫です」と話したのは、育児の主体は赤ちゃんにあるからです。育児の主体が赤ちゃんにあることをあらしめるのが泣きなのです。大人は泣きに導かれてお世話をしているのです。

赤ちゃんの泣きのマジック

人が泣く時はどんな時でしょうか？　一般に人が泣くのは、嬉しかったり、悲しかったり、寂しかったりと感情が高まった時です。嬉しくて泣いても、悲しくて泣いても、寂しくて泣いても、泣きは周りの人の心を動かしますね。

では、赤ちゃんの泣きはどうでしょうか？　実は、子どもや大人の泣きと同様に、赤ちゃんの泣きも人の心を動かします。0～3ヵ月頃の赤ちゃんの泣きには、感情がこめられていないにもかかわらず、人々の心を動かします。でも、動かし方が赤ちゃんの場合は独特です。どうして独特なのでしょうか？　それは、赤ちゃんが泣くと、赤ちゃんにのっぴきならない事態が起こっている、かわいそう！　何とか助けてあげたいという思いをもたせることです。人々は赤ちゃんの泣きには、哀れみを覚えるのですね。

これが、赤ちゃんの泣きが持つマジックです。マジックですので、人々は自分が泣きのマジックにかけられていることに気がつきません。知らないうちに、泣きのマジックの支配下におかれてしまいます。泣きのマジックにかけられるので、厭わずに献身的なお世話をするようになるのです。赤ちゃんが泣く↓人々が泣きのマジックにかけられる↓人々がお世話をする。こうした一連の流れから育児の主体は、赤ちゃんにあるということが導き出されます。

赤ちゃんには、泣きのマジックをかけようとする意図は全くありません。

ところが、赤ちゃんが泣くと、人々はたちどころに泣きのマジックにかけられてしまいます。泣きのマジックの恵みを受けるのは赤ちゃんです。なぜなら、赤ちゃんは献身的なお世話をされるからです。呼吸さえも人のお世話（抱っこ）を必要とします。オッパイを飲むことも人のお世話を必要とします。でも、泣きがお世話をひきだすので赤ちゃんは生きることができるのです。また、泣きは発達をしていくための援助もひきだします。

人々は赤ちゃんの泣きのマジックにかけられて、お世話をしていますが、それで良いのです。どうしてかというと、泣きには恵みが秘められているからです。

どんな恵みでしょうか？

2　泣きに秘められている恵み

恵み1　泣きはお世話をひきだします

母親は、赤ちゃんの寝顔をみつめながら、「生まれてきてくれてありがとう」という思いがこみあげてきました。さて、そうした思いを吹き飛ばすのが、赤ちゃんの泣きです。

赤ちゃんが泣きだすと、母親は何はさておいても、赤ちゃんのもとにかけつけてお世話をします。赤ちゃんが泣くとオッパイを飲ませる、泣くと抱っこをする、泣くとオムツを替えるなどのお世話をします。

考えてみると、授乳も抱っこもオムツ替えも、赤ちゃんの泣きがきっかけとなって行われます。ということは、赤ちゃんの泣きが、お世話にスイッチを入れるということです。

ところで、赤ちゃんは胎内では、胎盤をとおして母体から栄養や酸素をとり入れています。しかし、赤ちゃんは生まれると、自分でオッパイを飲まなければ栄養の摂取ができません。また、生まれると、肺呼吸をしなければ酸素をとり入れることができません。でも、生まれて数ヵ月間は呼吸器官の機能が未熟であるために、うまく呼吸ができないという問題を持っています。そこで、必要な酸素をとり入れるための援助が必要となります。また、赤ちゃんはオッパイを飲ましてもらわなければオッパイを飲むことができません。つまり、生きるために不可欠な酸素や栄養の摂取には、人のお世話を受けることが必要となります。そこで、活躍するのが泣きです。

泣きは呼吸の営みの産物ですので、すべての赤ちゃんが泣きます。人々は赤ちゃんの泣きに弱いです。人々は赤ちゃんが泣くと何とかしてあげたくなります。つまり、泣きが必要なお世話をひきだすわけです。

ところで、お世話には泣きに応えるお世話と、泣きに関係なく、人々が自発的にするお世話があります。その自発的なお世話には、沐浴、衣服の着脱、清掃、ケアなどがあります。これらは、赤ちゃんが健やかな生活をするために必要なものです。

いずれのお世話にもきりがありませんので、人々は忙殺されるというわけです。

ところで、赤ちゃんが自力でできるお仕事はというと、泣くことです。

唯一のお仕事である泣きが、必要なお世話をひきだしているのです。

恵み2　泣きは人との関わりをひきだします

お世話をとおして人と関わります

泣きは、人々のお世話をひきだすことを述べましたが、そのお世話から何がもたらされるのでしょうか？　それは人との関わりです。赤ちゃんが求める求めないにかかわらず、お世話をとおして、赤ちゃんはお世話をしてくれる人と関わるようになります。

オッパイを飲めば、母親と関わるようになり、抱っこをされれば、抱き手と関わるようになります。

では、赤ちゃんは人との関わりを何によって受けとめるのでしょうか？　それは、生まれつき備えられている五感です。赤ちゃんの五感はとぎすまされています。その五感の働きによって、人との関わりを受けとめるのです。人との関わりはどのように受けとめられるのでしょうか。

その答えは赤ちゃんに聞いてみたいところですね。それはさておいて、赤ちゃんが最も人との関わりを受けとめやすい場面があります。それは抱っこをされる場面です。

抱っこは快い関わりをもたらします

抱っこをされている時は、抱き手の温もりや柔らかな感触につつまれます。（触覚）
抱き手の声は、赤ちゃんの耳元にあるので聞きとりやすいです。（聴覚）
目は抱き手の顔が目の前にあるので、みつめやすいです。（視覚）
鼻は抱き手の臭いを受けとめやすいです。（嗅覚）
このように、抱っこをされている時は、五感が抱き手からの刺激をキャッチしやすいので、抱き手との関わりが受けとめやすくなります。
ところで、赤ちゃんに体験してほしいことは、人との関わりは快いことであることです。
抱っこをされている時、快い刺激をキャッチすることができなかったら、赤ちゃんは、人との関わりを快いものであることが体験できません。
そこで、求められるのは快い刺激を与える抱っこをすることです。それは、抱っこをしている時、アイコンタクトが出る抱っこです。

好ましい抱っこ

アイコンタクトは０ヵ月から起こります。アイとは目のことです。コンタクトとはつきあいのことです。アイコンタクトとは目でのおつきあいのことです。抱っこをすると、赤ちゃんが抱き手の顔をみつめてきます。抱き手がみつめるとアイコンタクトが起こります。このアイコンタクトが出るか否かによって抱っこの良否が決まります。では、アイコンタクトが出るか出ないかを決めるのは何だと思いますか？　それは、呼吸です。

アイコンタクトと呼吸は関係がないように思われるでしょうが、実は、アイコンタクトが出るのは、赤ちゃんが深い腹式呼吸ができている時です。

つまり、深い腹式呼吸になることで呼吸のコンディションが良好になると、アイコンタクトが出るようになるのです。アラ！　ここでも呼吸の話になりましたね。呼吸されど呼吸なのです。

ところで、抱っこで深い腹式呼吸に導くことができないために、アイコンタクトが出ない赤ちゃんがいます。アイコンタクトが出ない赤ちゃんには、呼吸援助抱っこのとりくみが必要です。呼吸援助抱っこは、時間がかかりますが、必ずアイコンタクトをひきだすからです。

呼吸援助抱っこは、抱き手の胸に赤ちゃんの身体を密着する抱っこです。赤ちゃんによっては密着を嫌がって大泣きをしますが、とりくみを続けると、深い腹式呼吸ができるようになり、アイコンタクトが出るようになります。

さて、不思議なことに、アイコンタクトが出ている時は、他の感覚もよく働いてキャッチする刺激を快いものとして受けとめます。こうした体験をとおして、赤ちゃんは人と関わることは快いことを学びます。人と関わることは快いことを学ぶと、赤ちゃんの方から人との関わりを求めてくるようになります。たとえば、人を見ると「抱っこしてー」と泣いたり、人を見るとニコッと笑いかけてくるようになったり、「アーンウーン」と甘えるように語りかけてくるようになります。

私が人との関わりをとりあげるのは、心身ともに発達が未発達で生まれてきた赤ちゃんが、備わっている発達のプログラムを順調に開花していくには、人との関わりが不可欠だからです。生まれて数ヵ月の期間に、五感が人からの刺激をしっかりとキャッチできるように育てることが大切なのです。抱っこは感覚を育てる最適の場面です。

恵み3　泣きは抱っこをひきだします

あなたはオアシスということばにどんなイメージを持っていますか？　オアシスというと、砂漠の中に清水が湧いて、その周りに樹木が茂っている風景を思い浮かべることと思います。昔は隊商の休憩所として利用されていました。水のない砂漠の炎天下での旅は過酷なものですね。オアシスは隊商が安らぎと休息を得る唯一の場でした。

さて、赤ちゃんですが、新生児期は眠ってはオッパイを飲む、オッパイを飲んでは眠るという生活です。平穏な生活のようにみえますが、はたして、赤ちゃんの生活は平穏でしょうか？　私に言わせれば、悪戦苦闘の生活と言いたいです。

なぜなら、赤ちゃんは生まれると胎内とは全く異質な環境の下で生活するようになります。赤ちゃんには異質な環境に順応して生きることが求められます。赤ちゃんは地上での新しい環境に順応するために必死に頑張っているのです。想像しただけでも、どんなに大変なことでしょう。

さらに、生きるためには、呼吸をしたりオッパイを飲まなければなりません。私たちにとって何でもないことですが、生まれたばかりの赤ちゃんにとっては、呼吸をすることすら大変です。なぜなら、赤ちゃんは胎盤を通しての内呼吸から、生まれると肺呼吸に切り替わりますが、切り替わってもうまく呼吸ができるわけではありません。また、吸啜《きゅうてつ》反射が備えられていますが、オッパイを飲むことがうまくできるわけではありません。

赤ちゃんは肺呼吸をすることもオッパイを飲むことも悪戦苦闘なのです。そのことに思いをよせてあげたいものですね。

でも、幸いなことに、赤ちゃんが泣くとあわてて人々がやってきて抱っこをするので、呼吸のピンチを切りぬけることができます。また、オッパイを飲む苦戦にも援助の手がさしのべられます。

赤ちゃんは、抱っこをされると深い呼吸ができるようになります。深い呼吸はコンディションを良好なものにします。

そこで、赤ちゃんは安らぎを得ることができます。こうしたことから、赤ちゃんにとって、抱っこはオアシスのようなものと考えることができます。

さて、オアシスとなる抱っこをするには、抱き手に気持ちのゆとりがあることが求められます。それには、周囲の人々が抱き手（母親）がゆとりを持って抱っこができるようにサポートをすることが大切です。

ところで、赤ちゃんのなかには、抱っこをされた時、安らぎや休息を得ることができない赤ちゃんがいます。母親も抱っこをした時違和感を覚えます。２ヵ月を過ぎる頃には、赤ちゃんの方が抱き手の身体に身体をそわせてくるようになるものですが、こうした行動が出なかったり、泣いた時抱っこでなだめることが難しい赤ちゃんです。こうした赤ちゃんは、抱っこがもたらす快いコンディションを体験できないので、抱っこがオアシスになりません。

抱っこがオアシスにならない赤ちゃんには、呼吸援助抱っこのとりくみをして、抱っこの心地よさを体験させてあげることが必要です。

抱っこは呼吸をしやすくします

生まれて数ヵ月間は、呼吸がうまくできないということが、世にどれだけ知られているでしょうか？　うまく呼吸ができないことを知って赤ちゃんを育てる人は、ほとんどいないことでしょう。育児書を見ても、赤ちゃんの呼吸のことは説明されていません。

でも、人々は赤ちゃんが泣くと抱っこをしてなだめます。先人がそうした対応をしてきたからでしょうか。確かに抱っこをすれば泣きやみます。

赤ちゃんが泣くと「かわいそうに」という気持ちから、何はさておいても抱っこをするという行為は、昔も今も変わりありません。

抱っこをすると泣きやむのは、赤ちゃんは抱っこをされると呼吸がしやすいポーズになって、深い腹式呼吸ができるようになるからです。

赤ちゃんはいつも仰向きで寝ています。抱っこをされるとポーズが変わり、背中が少し湾曲するようになります。このポーズが呼吸をしやすくするのです。

また、抱き手は抱っこをして歩きまわったり、軽く身体をゆらしたり、身体を軽く叩いたりしますが、こうした行為も呼吸を手助けします。また、ゆりかごに入れてそっとゆすることも呼吸を手助けします。

近年は、車にのせて泣きやませるドライブ睡眠があります。車のゆるやかな振動が呼吸を手助けします。

加えて、抱っこはオアシス（安らぎの場）のようなものですので、このことも呼吸を手助けします。

さて、呼吸は生命の営みの根幹です。抱っこをして呼吸を手助けしてくれる人は、赤ちゃんにとって、救世主にあたいします。

ところで、現代は抱き手に変化が起こっています。その変化をもたらしたのは、家族のあり方の移り変わりです。昔の大家族から核家族への移行は、家庭での抱き手の減少をもたらしました。昔は、赤ちゃんが泣けば、祖父母や兄弟や誰かが赤ちゃんを抱っこしました。ところが、現代は抱き手が親だけという家庭が増えてきました。さらに共働きの増加は、抱っこの減少をもたらしています。

どちらがベターであるかは、いわずもがなです。抱っこの大切さについて一考してほしいものです。

抱っこはアイコンタクトをひきだします

私がアイコンタクトにこだわるのは、赤ちゃんが成長するには、人をみつめることが不可欠だからです。たとえば、スプーンを使って食事をしたり、バイバイと手を振ったり、おもちゃの車を走らせる遊びをしたりすることができるようになるのは、大人や友達の動作をみつめて、その動作を模倣するからなのです。つまり、人をみつめて人から学ぶことによって、できるようになるのです。

また、目は人を受け入れる窓口でもあります。人は、終生人を受け入れながら生きていきます。人を受け入れるには、人をみつめなければなりません。この第一歩となるのが新生児期のアイコンタクトです。

赤ちゃんにアイコンタクトが出るのは、深い腹式呼吸ができている時です。うまく呼吸ができない時期に、抱っこは呼吸を援助して、深い腹式呼吸に導きます。こうしたことから、抱っこはアイコンタクトをひきだすことがわかります。

抱っこは人からの刺激を受けとめやすくします

感覚を育てるというと、あれ？　感覚って生まれつき備わっているのではないの？　といぶかしく思われることでしょう。確かに感覚は生まれつき備わっています。

さて、赤ちゃんの感覚はとぎすまされていて、さまざまな刺激を受けとめます。

では、さまざまな刺激を受けとめるにまかせておけばいいのかというと、優先的に受けとめてほしい刺激があります。それは、人からの刺激です。

人からの刺激を受けとめやすい場面といえば、抱っこをされている場面です。抱っこをされると、赤ちゃんはアイコンタクトをとってきます。実は視覚は他の感覚をリードする感覚です。

アイコンタクトをとっている時は、他の感覚も抱き手からの刺激をしっかりと受けとめます。また、抱っこをされている時は、赤ちゃんの五感は、他の外界の刺激よりも優先的に抱き手からの刺激を受けとめます。抱っこは人からの刺激を受けとめる感覚を育てる最適の場面なのです。

ところで、一口に刺激と言っても、快の刺激もあれば、不快の刺激もあります。幸いにして、抱き手からの刺激はソフトですので、赤ちゃんにとって快の刺激です。

その結果、抱っこをとおして、赤ちゃんは人からの刺激は、快いものであることを学びます。人からの刺激が快であることを学ぶと、赤ちゃんは人からの刺激を求めるようになります。その結果、赤ちゃんは、積極的に人との関わりを求めるようになります。

人との関わりを求めるようになると、赤ちゃんに備えられている発達のプログラムの開花に拍車がかかります。

こうしたことを考えると、早いうちに人からの刺激を受けとめる感覚を育てることが大切であることがわかります。

生まれて数ヵ月間は、抱っこの回数がとても多いです。しかも、この時期は感覚の機能が発達する時期です。従って、生まれて数ヵ月間は、抱っこによって感覚を育てる好期といえます。

さて、感覚を育てるには抱っこだけでなく、感覚にソフトで快の刺激を与えることが大切です。

どのような刺激を与えたらよいのでしょうか。

①視覚への刺激

赤ちゃんの視界に、人の顔や姿が入るようにしましょう。

抱き手は赤ちゃんとアイコンタクトをとるようにしましょう。

②聴覚への刺激

つとめて話しかけたり、童謡や子守歌などの歌を歌ってあげましょう。

授乳の時は「オッパイを飲もうね」と話しかけたり、抱っこをする時は「抱っこね」と話しかけるなど、お世話をする時にはつとめて話しかけましょう。

③嗅覚への刺激

ソフトな香りのものを選びましょう。強い刺激は避けるようにしましょう。

④触覚への刺激

抱っこをしたり、スキンシップにつとめましょう。

恵み4　泣きはアイコンタクトをひきだします

赤ちゃんが泣くと、人々は抱っこをしてなだめます。泣きやむと、人々はやれやれよかったと赤ちゃんの顔をみつめます。すると、赤ちゃんが自分の顔をじーっとみつめているることに気がつきます。アラ！　赤ちゃんが私の顔をみつめているとびっくりして、改めて赤ちゃんの顔をみつめると、赤ちゃんと目が合います。

ここに、アイコンタクトが生じます。

実は、新生児の視力は０・０２くらいで目の前10～20㎝くらい先がぼんやりと見える程度です。

抱き手の顔はちょうどぼんやりと見える位置にあるので、アイコンタクトが生じるのです。

つまり、赤ちゃんが泣く↓抱っこをされる↓泣きやむ↓抱き手の顔をじーっとみつめる↓アイコンタクトが生ずるという流れです。

こうした流れから、泣きはアイコンタクトをひきだすことがわかります。

さて、抱き手の顔だけでなく、生まれて数ヵ月間は、赤ちゃんは目の前にきた物をじーっとみつめます。新生児は不随意運動や原始反射はありますが、自発的な行動はありません。このことを考えると、みつめるという行動は、視覚のはたらきとはいっても、おどろくべき行動です。

ところで、私がアイコンタクトをとりあげるのは、アイコンタクトは赤ちゃんに人との関わりをもたらすからです。

人は、終生人と関わって生きていきます。その関わりをスタートさせるのがアイコンタクトなのです。では、どんな時にアイコンタクトが出るのでしょうか。

私どもがアイコンタクトをとりやすいのは、落ち着いている時です。赤ちゃんも同様です。赤ちゃんが落ち着くのは、呼吸のコンディションがととのっている時です。

さて、アイコンタクトをとった目は、その後はどうなるのでしょうか？

月齢が進むにつれて、視力があがり、視野が広がり焦点が合うようになります。その結果、２ヵ月頃になると人の動く姿を追視するようになったり、人の顔を穴のあくほどみつめるようになったり、みつめる時間が長くなったりします。

このように、アイコンタクトをとった目は、その後も人の顔や人の姿をみつめます。この人をみつめる目は、その後、人から学ぶ目へと成長して、赤ちゃんのさまざまな分野の発達をバックアップするようになります。

こう考えると、アイコンタクトがどんなに大切な行為であるかが推察できます。

では、みつめる目はどのように諸行動をバックアップしているのでしょうか？

みつめる目は諸行動をバックアップします

①微笑み（2ヵ月頃）

2ヵ月頃になると、赤ちゃんは抱き手の顔をみつめながらニコッと笑います。赤ちゃんがニコッと笑うのは、嬉しいからではありません。

抱き手の顔をみつめる→呼吸が浅くなる→息を多めに吐く→口元がゆるんでU字形となる→微笑みの表情となる。こうした流れから、みつめる目が微笑みの表情をひきだすことがわかります。

②ハンドリガード（2ヵ月頃）

ハンドリガードとは赤ちゃんが自分の手を顔の前に持っていってじーっとみつめる動作のことです。赤ちゃんは手指をコチョコチョと動かし続けます。動かし続けるのはみつめるからです。こうしたことから、みつめる目がハンドリガードをバックアップしていることがわかります。

③人の姿を目で追います（3ヵ月頃）

人の姿を目で追うようになるのは、じーっとみつめ続けることができるようになるからです。追視はみつめる目の成長なのです。こうしたことから、人の姿を目で追う行動はみつめる目の働きであることがわかります。

④そばにあるおもちゃに手を伸ばします（4ヵ月頃）

そばにあるおもちゃや小物に手を伸ばすようになるのは、おもちゃや小物をみつめることによって起こります。つまり、みつめる目が手を伸ばす行動を発動するのです。

⑤人見分け（人見知り）（7ヵ月）

人見分けは、見なれた人と見なれない人を見分けることによって出る行動です。

人見分けは人をみつめることによって、人を認識できるようになる結果、出るものです。

こうしたことから、人見分けのバックにはみつめる目の働きがあることがわかります。

⑥「どうぞ」「ちょうだい」のやりとりをします（8ヵ月頃）

やりとりができるようになるのは、母親が「どうぞ」と言って、赤ちゃんにおもちゃを手渡したり、「ちょうだい」と言って、赤ちゃんからおもちゃを受けとるやりとりをする姿を繰り返しみつめることによって学ぶからです。こうしたことから、みつめる目がやりとりをバックアップしていることがわかります。

⑦バイバイをします（動作模倣）（9ヵ月頃）

人が「バイバイ」と言って手を振ると、赤ちゃんがまねをして手を振ります。赤ちゃんが手を振ることができるようになるのは、人の手を振る動作を繰り返しみつめることによって手を振る動作を学ぶからです。こうしたことから、みつめる目がバイバイをバックアップしていることがわかります。バイバイでわかることは、新生児期にアイコンタクトをとったみつめる目は、月齢が進むにつれて学ぶ目へと成長することです。

学ぶ目は、1歳代には探索行動や手遊び歌やリズム体操や遊びなどの諸行動の分野で活動します。

赤ちゃんを育てる時は、たかがアイコンタクトではないかと思わないで、新生児期に赤ちゃんがアイコンタクトがとれているかどうかをしっかり観察することが大切です。

恵み５　泣きは笑いを育てます

笑い声

赤ちゃんの笑顔はいいものです。その笑顔は周りを明るくして、人々の気持ちを和ませます。ところで、笑顔はいつ頃から出るのでしょうか？　生まれて数日後には出ます。新生児微笑と称されるものです。

赤ちゃんが新生児微笑を出すと、人々は「笑った！」と感動の声を上げます。では、赤ちゃんの何を見て、人々は笑ったと言うのでしょうか？　それは赤ちゃんの口唇の動きにあります。赤ちゃんの口唇はというと、口角が左右に引けて口唇がＵ字形となります。この口唇の動きが笑ったと思わせるのです。１ヵ月になると、その動きに加えて、目元も微笑んでいるようになります。

2ヵ月になると、微笑む時「キャッキャッ」という声が伴うようになります。微笑みの表情に「キャッキャッ」の声が伴うことで、誰の目にも赤ちゃんが笑っているとうつります。赤ちゃんの微笑みがみられるのは、ご機嫌が良い時や寝入りばなの時です。また、抱き手の顔をみつめてニコッと微笑むようになります。

その微笑みたるや天使の微笑みのようで、人々は魅了されます。

3ヵ月になると、微笑みは笑いへと移ります。そのことを証する行動が、「はしゃぎ反応」です。たとえば、「イナイ　イナイ　バー」とあやすと、赤ちゃんは「アハハハハ」と声を出してはしゃぎます。

3ヵ月頃までの笑いをまとめると次のようになります。

新生児微笑（微笑んでいるような表情）（0ヵ月）↓微笑んでいる表情（1ヵ月）↓微笑みながら「キャッキャッ」と声を出す（2ヵ月）↓「アハハハハ」と声を出してはしゃぐ（3ヵ月）という流れです。

では、どうしてこのような流れとなるのでしょうか？　それは微笑みや笑いは呼吸の営みの産物だからです。呼吸は体調やいろいろな条件によって変化します。赤ちゃんの呼吸も同様です。加えて赤ちゃんは呼吸がうまくできないために、しばしば呼吸が浅くなります。すると、赤ちゃんは呼吸のコンディションをととのえるために、いつもより多めに息を吐いて、多めに息を吸うことをします。この多めに息を吐く時に口唇がゆるみ、口角が左右に引けます。口唇がU字形となることで微笑みの表情となります。赤ちゃんは楽しくて微笑んでいるのではありません。

２ヵ月頃には「キャッキャッ」の声が出るようになります。３ヵ月頃には「アハハハハ」の声が出るようになります。「キャッキャッ」の声は小さいですが、「アハハハハ」の声は大きいです。声が大きくなるのは、月齢が進むにつれて呼吸器官の機能が向上して深い腹式呼吸ができるようになるからです。

ところで、呼吸器官の機能の向上を手助けするのは、何でしょうか！　それは「オギャーオギャー」の音声を出したり、オッパイを飲む吸啜《きゅうてつ》です。泣き声が大きくなるにつれて、笑い声も大きくなっていきます。こうしたことから、泣きが笑いを育てることがわかります。ところで、抱き手の顔を見てニコッと微笑むのも、抱き手の顔をみつめると息をつめてしまって、呼吸が浅くなるからです。浅くなることで息を多めに吐かざるを得なくなります。従ってニコッの微笑みは呼吸の営みから出るものです。また、はしゃぎ反応の「アハハハハ」の声も深い腹式呼吸ができるようになることによって出るものです。

つまり「アハハハハ」の声も呼吸の営みから出るものです。

はしゃぎ反応

3〜4ヵ月頃　赤ちゃんは「イナイ　イナイ　バー」を見ると、はしゃぎます。イナイ　イナイ　バー遊びを体験しない赤ちゃんは、ほとんどいないでしょう。

では、どうしてはしゃぎ反応が出るのでしょうか？　イナイ　イナイ　バー遊びは、「イナイ　イナイ」といいながら、顔を手でかくして「バー」といって手をのける遊びです。

赤ちゃんはというと、「イナイ　イナイ」の間は、かくされた顔をみつめ続けます。みつめ続けていると息をつめてしまいます。そこで「バー」で顔が現れると、ドッと息を吐くことが起こります。この時に、「アハハハハ」の声が出ます。つまり、「アハハハハ」の声はドッと息を吐くことによって出る声なのです。3ヵ月頃になると、深い腹式呼吸ができるようになるので、ドッと息を吐くことができるようになります。

このように、微笑みもはしゃぎ反応の「アハハハハ」の声も、共に呼吸の営みから出る産物です。泣きと笑いは別物のように思われていますが、呼吸の営みの産物であるという点で共通しています。泣きと笑いですが、どちらがリードするかというと、泣きが笑いをリードします。泣きが笑いを育てるのです。

ところで赤ちゃんは、はしゃぎ反応から次のことを学びます。

学び①　笑いは人をひきつけることを学びます

人々がイナイ　イナイ　バー遊びをすると、赤ちゃんからはしゃぎ反応が返ってきます。そこで、人々は赤ちゃんがこんなにはしゃぐならと、繰り返しイナイ　イナイ　バー遊びをするようになります。何回やってもはしゃぎ反応が返ってきます。ここで、赤ちゃんは「イナイ　イナイ　バー」を見てはしゃぐと、繰り返し「イナイ　イナイ　バー」をしてもらう体験をすることになります。この体験をとおして、赤ちゃんは笑いは人をひきつけることを学びます。

赤ちゃんは笑いは人をひきつけることを学ぶと、パパやママが接近すると、笑顔をふりまくようになります。つまり、笑いでパパやママをひきつけようとするのです。パパやママはというと、赤ちゃんの笑顔に負けて、ひと遊びをするようになります。

それにしても赤ちゃんが、笑いは人をひきつけることを学ぶことに驚きますね。「笑う門には福来《きた》る」の言いまわしがありますが、「笑う門には人来《きた》る」ですね。笑顔には、人々を魅了する力が秘められているのですね。

学び② 笑いから人と触れ合うことは快いことを学びます

はしゃぐことを繰り返すということは、たくさん息を吐くことを繰り返すということです。そこで、はしゃぐたびに、赤ちゃんの呼吸は深くなります。呼吸の深まりは快いコンディションへと導きます。赤ちゃんは快いコンディションをとおして、人と触れ合うことは快いことを学びます。この学びは、対人関係の育ちの土台となるもので、とても大切な学びです。それは、赤ちゃんは触れ合いの心地よさを学ぶと、赤ちゃんに人との触れ合いを求める気持ちが育つからです。すると、赤ちゃんは母親が素通りすると、赤ちゃんは触れ合いを求めて「抱っこしてー」と泣いてねだるようになります。

学び③ 笑いは人を快にすることを学びます

寄席は大勢の人々を快くしますが、赤ちゃんの笑いは、寄席と同様にたくさんの人々を快くします。赤ちゃんがニコニコ笑ったり、「キャッキャッ」とはしゃぐと、人々もニコニコの笑顔となります。まさに寄席と同様のことが起こります。

それほどに赤ちゃんの笑いには、大勢の人々を快くする力が秘められているのです。

さて、人々ですが、人々は赤ちゃんの笑いにつられて笑うようになりますが、笑うことによって、呼吸が深まります。そこで、人々も快となります。

こうした体験をとおして、赤ちゃんは笑いは人を快に導くことを学びます。大きい声で笑えば笑うほど快となります。人々が寄席に足が向くのは、寄席を見て笑うと快になるからです。

カラオケもいつの時代にも人気がありますね、人気があるのは、カラオケで大きい声を出して歌うと、呼吸が深まって快となるからです。

また、お祭りも大昔から人気があるのも「ワッショイ、ワッショイ」と大声を出すことで、呼吸が深まって快になるからです。

恵み6　「欲求を伝える泣き」は「はしゃぎ反応」を育てます

赤ちゃんがはしゃぐ姿を見ると、人々もつられて笑顔になります。ところで、どうしてあんなにはしゃぐようになるのでしょうか？　この時期は、まだ面白くて笑うということは起こりません。実は、先に述べたように「アハハハハ」の笑い声は無意識に出る呼気音だからです。

3ヵ月頃になると、大きな呼気音が出せるほどに呼吸がしっかりできるようになります。つまり、呼吸器官の機能が向上することで深い腹式呼吸ができるようになります。そこで、「アハハハハ」の笑い声を出して、はしゃぐようになるのです。

この呼吸器官の機能の向上に関与するのが、「欲求を伝える泣き」です。3ヵ月頃になると「欲求を伝える泣き」が出るようになります。「欲求を伝える泣き」では、赤ちゃんは「欲求を伝える泣き」に適切に対応してもらえるまで大きい声で泣き続けます。

たとえば、赤ちゃんは抱っこをしてほしくなると、抱っこをしてちょうだいの泣きを出します。始めは「エーンエーン」と甘えるように、小さい声で泣きますが、なかなか抱っこをしてもらえないと、泣き声はだんだんと大きくなっていきます。母親は泣き声が大きくなり、泣き続けるので放っておけなくなり、抱っこをします。すると、先刻までの大泣きが嘘のようにおさまります。

このように、「欲求を伝える泣き」では、欲求に応えてもらえるまで大声で泣き続けますが、この大声の泣きが呼吸器官の機能の向上に益となるのです。

こうしたことから、「欲求を伝える泣き」が、はしゃぎ反応を育てることがわかります。はしゃぎ反応は深い腹式呼吸ができるようになったことの証しなのです。

恵み7　泣きは「お語り」を育てます

「お語り」って何のことかしら？　聞いたことがないことばだと思われることでしょうね。それもそのはずです。「お語り」は私がつくった造語ですから。

「お語り」とは世間で言う「喃語《なんご》」のことです。

私は、新生児期の赤ちゃんが発する「アー」や「ウー」の小さい音声は、将来ことばへと成長することと、赤ちゃんが人をみつめながら、語りかけるように音声を発することから、赤ちゃんが発する小さい音声を「喃語」と称するよりも「お語り」と称するほうが適切であると考えるに至りました。

ところで、「お語り」はいつ頃から出ると思いますか？　実は、新生児期から出ます。どんな時に出るかというと、ご機嫌が良い時です。

それは消え入りそうに小さい音声ですが、とてもかわいらしい音声です。では、どうして小さい音声が発せられるのでしょうか？　生まれてまもない赤ちゃんが、意識して音声を発することは考えられませんね。

実は、「アー」や「ウー」の音声は、呼吸の営みから出る無意識な呼気音です。

生まれたばかりの赤ちゃんは、呼吸がうまくできないために、しばしば多めに息を吐いて、多めに息を吸うことをして、呼吸のコンディションをととのえることをします。

この多めに息を吐く時に「アー」や「ウー」の音声が出るのです。

では、新生児期に出る「アー」や「ウー」の呼気音は、その後どのように成長するのでしょうか？　1ヵ月頃になると、抱っこをしている時、母親が「トトトトバー」とあやすと、それに応えるかのように、赤ちゃんが「アー」や「ウー」とお語りをします。

２ヵ月頃になると、赤ちゃんの方から抱き手をみつめながら「アーウー」とお語りをします。これは、一般にクーイングと称される行動です。クーイングに赤ちゃんが何かを語りかける姿をみます。

また、ひとり言を頻繁に発します。手足をバタバタさせた後に「アーウー」とお語りをしたり、ベッドメリー（飾り物）をみつめながら「ウックンヴェー」とお語りをします。

３ヵ月頃になると、母親が話しかけると、母親の話にあいづちを打つかのように、赤ちゃんは「アーンウーンウックンヴェー」とお語りをします。

また、オッパイを飲んでいる最中にオッパイを飲むのをやめて、母親の顔を見上げて、「ママ」と呼びかけるかのように「アーアー」とお語りをします。

このように、「お語り」は本来呼気音ですので、月齢が進み呼吸が深い腹式呼吸になるにつれて、音声は大きくなり、長く出るようになります。

さて、３ヵ月頃になると呼気音である「お語り」に変化が起こります。それは、「お語り」に欲求や意思がふきこまれて、「欲求を伝えるお語り」になることです。

では、赤ちゃんはどのようにして「欲求を伝えるお語り」を習得するのでしょうか？

それは、「欲求を伝える泣き」からです。

赤ちゃんは3ヵ月頃になると、「欲求を伝える泣き」をとおして、自分の欲求や意思を伝えることができることを体験します。この体験が「お語り」に欲求や意思をふきこませるのです。つまり、欲求や意思を伝える泣きが、「欲求や意思を伝えるお語り」の習得をバックアップするのです。

こうしたことから、泣きが「お語り」を育てることがわかります。

「欲求を伝えるお語り」

赤ちゃんは「欲求を伝えるお語り」を習得すると、いろいろな場面で「欲求を伝えるお語り」を出すようになります。たとえば、母親を見ると、赤ちゃんは抱っこをしてほしくなり、そわそわしはじめます。でも、母親がなかなか抱っこをしないでいると、抱っこをしてちょうだいというかのように、「ムニャムニャウェーンウーン」とお語りをします。（4ヵ月）

赤ちゃんは昼寝から目を覚ますと、しばらくはボーッとしていますが、そのうちに周りをキョロキョロみまわします。そして、父親を見つけると、パパこっちへきてというかの

ように「ヒャイ」とお語りをします。（4ヵ月）

寝入りばなには指しゃぶりをしながら、ウーンねむいというかのように「ウーンムニャムニャ」と長いお語りをして寝つきます。（4ヵ月）

母親が童謡を歌うと、一緒に歌うかのように母親の歌に合わせて、「ウーアーウーアーウー」と長いお語りをします。（5ヵ月）

こうした「欲求を伝えるお語り」をした時、適切な対応をされると赤ちゃんは満足します。さて、「欲求を伝えるお語り」を出す一方で、ひとり言も盛んになります。ひとり言のピークは6ヵ月頃からで、一般に喃語期といわれます。赤ちゃんは一日中「ゴニョゴニョ」とお語りをします。

ところで、「お語り」をする赤ちゃんを、人々はどのように受けとめているのでしょうか？

「何か言っているな、ご機嫌が良くてなによりだ」と受けとめて、赤ちゃんがいい子をしているうちに、用事をすましておこうとなるのがおちです。このように、「お語り」は泣きや笑いほどに人々を動かさない傾向があります。

でも、「ンマンマ」「ブーブー」などのことばが出るようになると、一転して、赤ちゃんの音声（ことば）に関心を持つようになります。

人々は「お語り」に対して、泣きほどに対応しない傾向があります。私はその原因として次の3点があると考えます。

「お語り」に対する対応

①「お語り」は機嫌の良い時に出ます

ご機嫌の良い時は人の手をかりなくても、赤ちゃんは一人で過ごすことができます。つまり、泣いた時のようにお世話を必要としないということです。そこで、人々は静かに見守るようになります。

また、母親はいろいろと多忙ですので、赤ちゃんに手がかからない時は、その間に用事をすませておきたいという思いがあります。そこで、「お語り」に対して、その都度対応するということが起こらないと考えます。

②「お語り」は一般に喃語と称されています

広辞林を引くと、喃語とは男女がむつまじくペチャペチャとおしゃべりをすることという説明もあります。むつまじいおしゃべりには、他人が介入する余地がありません。

その結果、喃語という言葉が、赤ちゃんの小さい音声を傍観させてしまっていると考えます。もし、1～2ヵ月頃に発する小さい音声を喃語と称さなかったら、人々の対応は違ったものになっていることでしょう。私が小さい音声を「お語り」と称することを提唱するのも、小さい音声に、もっと関心を持っていただきたいという思いがあるからです。

この小さい音声がことばのタマゴであることを知ったら、人々の対応は違ってくることでしょう。

③小さい音声は意味のない音声ととらえられています

「ンマンマ」「ブーブー」などの始語が出るまでの音声は、一般に意味のない音声ととらえられています。そのために、赤ちゃんが小さい音声を発しても、どのように対応していいのか戸惑います。その結果、見守るという対応となると考えます。

また、小さい音声は3～4ヵ月頃になると、「欲求を伝えるお語り」へと成長しますが、そのことを知らない人がほとんどです。このことも「お語り」への関心を低くしていると考えます。

赤ちゃんにしてみれば、「お語り」をした時、「お語り」に対して対応してもらえないことは寂しいことでしょうね。

「お語り」は共同作業によって成長します

呼気音である意味のない音声を意味のある音声、すなわち、ことばへと成長させる作業は、赤ちゃんだけではできません。赤ちゃんと人々との共同作業によって意味のない音声は、意味のある音声へと成長します。では、「お語り」をことばへと成長させるには、人々はどんな作業をしたらよいのでしょうか？　その作業として3点あげることができます。

①「お語り」を受けとめます

「お語り」を受けとめるってどういうこと？　と難しく考えることはありません。赤ちゃ

郵便はがき

料金受取人払郵便

新宿局承認

2524

差出有効期間
2025年3月
31日まで

(切手不要)

160-8791

141

東京都新宿区新宿1－10－1

(株)文芸社

愛読者カード係 行

ふりがな お名前		明治　大正 昭和　平成　年生　歳
ふりがな ご住所	□□□-□□□□	性別 男・女
お電話 番　号	(書籍ご注文の際に必要です)	ご職業
E-mail		
ご購読雑誌(複数可)		ご購読新聞 新聞

最近読んでおもしろかった本や今後、とりあげてほしいテーマをお教えください。

ご自分の研究成果や経験、お考え等を出版してみたいというお気持ちはありますか。

ある　　ない　　内容・テーマ(　　　　)

現在完成した作品をお持ちですか。

ある　　ない　　ジャンル・原稿量(　　　　)

書　名				
お買上 書　店	都道 府県	市区 郡	書店名	書店
			ご購入日	年　月　日

本書をどこでお知りになりましたか?

1.書店店頭　2.知人にすすめられて　3.インターネット(サイト名　　)

4.DMハガキ　5.広告、記事を見て(新聞、雑誌名　　)

上の質問に関連して、ご購入の決め手となったのは?

1.タイトル　2.著者　3.内容　4.カバーデザイン　5.帯

その他ご自由にお書きください。

(　　)

本書についてのご意見、ご感想をお聞かせください。

①内容について

②カバー、タイトル、帯について

弊社Webサイトからもご意見、ご感想をお寄せいただけます。

ご協力ありがとうございました。

※お寄せいただいたご意見、ご感想は新聞広告等で匿名にて使わせていただくことがあります。

※お客様の個人情報は、小社からの連絡のみに使用します。社外に提供することは一切ありません。

■書籍のご注文は、お近くの書店または、ブックサービス(0120-29-9625)、セブンネットショッピング(http://7net.omni7.jp/)にお申し込み下さい。

んが「お語り」をした時、即座にあいづちを打ってあげることです。たとえば、赤ちゃんが「アー」とか「ウー」と言ったら、「そうねアーね、そうねウーね」とあいづちを打ってあげます。簡単なことですが、これがなかなか実行できません。

3ヵ月を過ぎると「欲求を伝えるお語り」が出ます。その時には、赤ちゃんが何を伝えようとしているのかな？　と考えて適切な対応をするようにします。

②赤ちゃんの目をみつめながら話しかけます

赤ちゃんに話しかける時、赤ちゃんの目をみつめながら、話しかけるようにします。たとえば、オッパイを飲ませる時は、赤ちゃんの目をみつめながら「オッパイを飲もうね」と話しかけてからオッパイを飲ませます。飲んでいる間も、赤ちゃんから目をはなさないように心がけてオッパイを飲ませます。

また、「トトトトバー」とあやす時も、赤ちゃんの目をみつめながら「トトトトバー」とあやします。

なぜ目をみつめながら話しかけることが大切であるかというと、赤ちゃんはしっかりと人の音声を聞くことが難しいからです。それを援護するのがみつめる目なのです。

しっかりと人の話を聞くことができると、赤ちゃんの「お語り」にスイッチが入ります。ここに「お語り」の成長が起こります。

5ヵ月頃になると、話し手が赤ちゃんと会話をしているかと思うほどに、赤ちゃんは話しかけに応えて、「お語り」をするようになります。

③小さい音声はことばのタマゴであることを認識します

5ヵ月頃、いい子で遊んでいる時、母親が抱きあげて「おりこうさん」と言って頬ずりをすると、赤ちゃんが「アーウーアー」とお語りをします。続けて母親が「アーウーアーね、ガラガラきれいね」と言ってガラガラを見せると、赤ちゃんが「ウックンヴェー」とお語りをします。このように、5ヵ月頃になると、「お語り」がことばのタマゴであることを察することができるようになるお語りが出るようになります。

「お語り」を受けとめることも、目をみつめながら話しかけることも決して難しいことではありません。心がければできることです。赤ちゃんの小さい音声は、ことばのタマゴであることが世間に認識されたら、「お語り」への関心が高まることでしょう。

お語り期

「お語り期」ということばは私の造語です。一般には「喃語期」と称されています。

さて、「お語り期」にはどんな音声が出るのでしょうか？「アーウーウックンアーウーアーバブーブブブーダーダーバーバー」これが8～10ヵ月頃の「お語り期」に出る音声です。これを聞くと、赤ちゃんがわけのわからない、ひとり言を言っていると思うのも無理からぬことです。しかし、赤ちゃんがわけのわからないひとり言を言っているのではありません。赤ちゃんには、「お語り期」をとおらなければならないわけがあるのです。それは、ことばを話すことに向けての準備をすることです。この準備のために、「お語り期」が備えられているのです。

あなたはことばを話せるようになるには、どのような準備が必要だと思いますか？「ことばが理解できるようになること」「構音（発音）ができるようになること」ですか。そのとおりです。ことばの理解と構音の発達です。加えて自分の音声を聞くことができるようになることです。赤ちゃんは「お語り期」に、この三つのトレーニングをします。10ヵ月という時期がきたら、ことば（始語）が話せるようになるのではないのです。トレーニングをつんだ末に話せるようになるのです。では、いつ頃からトレーニングは始まるのでしょうか？

なんとことばを話すことに向けてのトレーニングは、0ヵ月から始まります。

10ヵ月になるとトレーニングが実を結んで、「ンマンマ」「ブーブー」などの始語が出ます。

①構音（発音）のトレーニングをします

構音に関わる器官は、口唇や舌や下顎や軟口蓋などです。構音器官は、本来は飲んだり、食べたりする器官です。飲食をすると、口唇や舌や下顎や軟口蓋などが動きます。

たとえば、オッパイを飲む時には、口唇は乳首をくわえて、下顎は上下に動いて、舌はピストンのように動きます。離乳食を食べる時は、口唇は閉じて、下顎は上下に動いて、舌は上下左右に動きます。加えて、赤ちゃんは指しゃぶりをしたり、舌を出し入れしたり、舌尖で口唇をなめたり、舌尖を左右に動かしたりします。こうした動きも口唇や舌や下顎や軟口蓋の機能の向上をもたらします。

さて、「お語り」の時に出る語音ですが、語音は月齢が進むにつれて、新しい語音が出るようになります。

「アー」や「ウー」の母音から始まり、３ヵ月頃には「バー」や「ブー」の子音が出るようになり、５ヵ月頃～６ヵ月頃には「ンマンマ」「バーバー」などの語音が出るようになり、８ヵ月頃には「ブブブ」の語音が出るようになります。

「お語り期」には、それまでに出ていた語音がまとめてドーッと出るようになります。こうした語音の習得は、構音器官の機能の向上や呼吸が深まることによってもたらされるものです。

さて、「お語り期」には盛んに「お語り」をするようになります。盛んな「お語り」は、口唇や舌や下顎や軟口蓋などを、構音器官としての働きができるようにトレーニングします。将来、さまざまな語音の構音ができるようにトレーニングするのです。話すことに向けてのトレーニングですから、さぞかし赤ちゃんの口の中は忙しいことでしょうね。

②ことばを理解する力が育まれます

あなたは赤ちゃんがいつ頃になると、ことばが理解できるようになると思いますか？

５ヵ月頃になると、ことばがわかるようになってきたかなと思わせる行動が出ます。

それは、家族がそろっている時に「ママは?」と尋ねると、赤ちゃんは家族を見まわした末に母親をじーっとみつめます。目でママはこの人だよと応えるのです。

この行動から、ママということばは、ママのことであるということが、なんとなくわかるようになってきていることが推察できます。その後「お語り期」にはことばを理解する力が育まれます。

「お語り期」にことばを理解する力が育まれることを証する行動が、10ヵ月頃に出ます。それは「バイバイをしてごらん」と言うと、赤ちゃんが手を振ったり、「こんにちはをしてごらん」と言うと、赤ちゃんが頭をペコリと下げる行動です。こうした行動から、バイバイということばは手を振ることであり、こんにちはということばは頭を下げることであることが理解できるようになることが推察できます。

では、赤ちゃんはどのようにしてことばが理解できるようになるのでしょうか?　バイバイを例に説明します。

7ヵ月頃になると、父親は「バイバイ」と言って、手を振って出かけるようになります。ママは抱っこをしている赤ちゃんの手をとって手を振らせます。その後も、パパは出かける時は、「バイバイ」と言って手を振ります。

その結果、赤ちゃんはパパの「バイバイ」と言って手を振る動作を数えきれないほど、みつめることになります。たくさんみつめることで、赤ちゃんに「バイバイ」ということばを、手を振る動作とセットで学ぶということが起こります。繰り返し学ぶことで、「バイバイ」のことばは、手を振る動作であることを理解するようになります。

さて、バイバイの例からわかることは、赤ちゃんは見た情報（手を振る動作）を手がかりとしてことば（バイバイ）を理解するということです。

つまり、赤ちゃんは、ことばを聞くだけでは学ぶことはできないということです。こうした学び方は、1歳以降にも続きます。たとえば、赤ちゃんが絵本の絵を指さして、「ん?」などと音声を出して「これはなあに?」と問いかけてきます。すると、人々は「これは○○よ」と教えます。

ここで、赤ちゃんは指さした絵をてがかりとして、ことばを学ぶわけです。「バイバイ」や「こんにちは」から、「お語り期」に、見た情報を手がかりとしてことばを理解する力が育まれることがわかります。

③自分の音声を聞きます

ひとり言を言っている赤ちゃんを観察すると、興味深そうに自分の「お語り」に耳をすませています。実は、自分の音声を聞くということは、話し方を学ぶうえで不可欠な行動です。それは、正しい話し方は自分の話し方と他人の話し方とを聞き比べることによって習得するからです。発音にしても、声の大きさにしても、イントネーションにしても、他人の話し方を手本として習得します。

自分の音声をしっかりと聞くことができなければ、自分の話し方と他人の話し方とを聞き比べることはできません。長い「お語り」が出る「お語り期」は、自分の音声を聞く力がつく好機なのです。

ところで、赤ちゃんが「お語り期」をむかえることができるのは、深い腹式呼吸ができるようになるからです。呼吸が深くなるので、意識的に音声を発することができるようになるのです。

泣きが呼吸を深めることを考えると、「お語り」の成長のためにも泣くことが必要であることがわかります。

「お語り期」になると、人々が話しかけると、赤ちゃんは、ゴニョゴニョと長い「お語り」を返してきます。話し手は赤ちゃんと会話をしているように感じるようになります。「お語り」がことばへとなる日は間近です。

恵み8　泣きは愛着を育てます

母親は赤ちゃんの寝顔をみつめています。寝顔をみつめていると愛しさが募ります。しばらく静かな時間が流れます。母親はねんねをしている間に仕事をすませてしまおうと赤ちゃんから離れました。それからどれくらい時間が経ったでしょうか？　赤ちゃんが「オギャーオギャー」の音声を出し始めました。

その時、時計を見ると、眠ってからさほど時間が経っていません。ひとまず母親は抱っこで対応することにしました。しばらく抱っこをしていると再びウトウトしはじめたので、母親はホッとしました。赤ちゃんが眠っている時は、眠りを妨げないために物音をたてないようにしたり、歩く時もしのび足で歩きます。赤ちゃんはわずかな物音でもわかって身体をビクッとさせるからです。母親はヒヤッとしますが、赤ちゃんがスヤスヤ眠っているのを見るとホッとします。

さて、赤ちゃんは、実によく「オギャーオギャー」の音声を出します。抱っこをしている時も衣服の着脱をする時も沐浴をする時もオムツを替える時も「オギャーオギャー」の音声を出します。赤ちゃんが「オギャーオギャー」の音声を出すと母親は放っておくことができません。どうして放っておけないのでしょうか?

それは「オギャーオギャー」の音声を出すと泣いていると思うからです。泣いていると思うと、泣きのマジックにかかります。

泣きのマジックは巧妙です。「オギャーオギャー」の音声を出すのは赤ちゃんにのっぴきならない事態が起こっている、助けを求めているとささやきます。そこで、母親はなにはさておいても、赤ちゃんのもとにかけつけてお世話をするようになります。

お世話のかいがあって、赤ちゃんはのっぴきならない事態から抜け出すことができます。

考えてみると、生まれて数ヵ月間は赤ちゃんは生きることに必死です。新しい環境への適応、オッパイを飲むこと、呼吸をすること、どれをとっても赤ちゃんにとっては大変なお仕事です。でも、赤ちゃんは大変なお仕事をやり続けなければなりません。お仕事をしている最中に出るのが「オギャーオギャー」の音声です。この「オギャーオギャー」の音声がお世話をひきだすので、赤ちゃんはのっぴきならない事態から抜け出すことができます。

たくさんのお世話をとおして、赤ちゃんは徐々にお世話をしてくれる人を認識するようになります。お世話をしてくれる人への認識が深まるにつれて、お世話をしてくれる人への信頼や思慕が徐々に育まれていきます。

さて、赤ちゃんが泣くとお世話をすることで愛着が育まれるということを知ると、私のお世話はこれでいいのかしら、愛着が育っているかしらと心配になるものですね。大丈夫です！　なぜなら、「オギャーオギャー」の音声は母親のお世話にスイッチをいれるからです。「オギャーオギャー」の音声に応えてお世話をしていれば愛着は育まれていきます。愛着云云という理屈を知らない世代の親たちも強い親子の絆をきずいています。

「欲求を伝える泣き」は愛着の育ちを援護します

「オギャーオギャー」の音声（呼気音）を出した時、お世話をされる体験をとおして、赤ちゃんは「欲求を伝える泣き」を習得します。「欲求を伝える泣き」を習得すると、赤ちゃんは欲求や意思をふきこんだ「オギャーオギャー」の音声を出すようになります。

そこで人々に求められるのは「オギャーオギャー」の音声から、赤ちゃんの欲求や意思をくみとることです。実は欲求の泣きが出る以前に、一様でない「オギャーオギャー」の音声を出しています。たとえは、甘えたい時は「フェーン」と声を出し、眠たい時は「アーン」と弱々しい声を出し、呼吸が苦しい時は「オギャーオギャー」と大きい声を出し続けます。母親はこうした呼気音に随時対応してきていますので、泣き声から赤ちゃんの欲求や意思をくみとることができます。

赤ちゃんが一様でない呼気音を出すことは、「欲求を伝える泣き」の習得を助けます。「欲求を伝える泣き」の「オギャーオギャー」の音声は、「欲求を伝える泣き」を習得する以前の「オギャーオギャー」の音声（呼気音）と異なります。母親は以前は赤ちゃんが「オギャーオギャー」の音声を出すとオッパイが欲しいのかな？　抱っこをしてほしいのかな？　オムツを替えてほしいのかな？　などと思案しながら、お世話をしました。

ところが、「欲求を伝える泣き」を習得すると、赤ちゃんがこうしてほしい（オッパイが飲みたい、抱っこをしてほしいなど）と欲求を泣きで伝えます。そこで、ためらうことなく適切なお世話ができるようになります。たとえば、母親を見た時、赤ちゃんが「エーンエーン」と甘えるように泣くと、母親は抱っこをしてほしい泣きだなと判断して、抱っこをしてあげるようになります。赤ちゃんは欲求が叶えられると満足します。

３ヵ月頃になると空腹がわかるようになるので、赤ちゃんはオッパイを飲みたい泣きを出すようになります。母親は泣き声により、この泣きはオッパイが飲みたい泣きだなとわかりますので、ためらうことなくオッパイを飲ませることができるようになります。

さて、「欲求を伝える泣き」が理解できるのは、なんといっても母親です。それは「オギャーオギャー」の音声が呼気音である時期から、「オギャーオギャー」の音声への対応をしてきたからです。

「欲求を伝える泣き」に適切なお世話をされる体験が繰り返されることで、赤ちゃんはお世話をしてくれる人に絶対的な信頼と深い思慕をよせるようになります。

愛着形成

赤ちゃんの母親に対する信頼と思慕は半年頃にはゆるぎないものとなり、愛着が形成されます。愛着が育つまでの流れを見ると、新生児期から赤ちゃんが「オギャーオギャー」

の音声（呼気音）を出す→母親がお世話をする→2ヵ月頃には母親を認識し始める→3ヵ月頃には母親に信頼と思慕をよせ始める→6ヵ月頃には愛着が形成される→7～8ヵ月頃には、人見分けや後追いが出るの流れです。こうした流れから、泣きが愛着を育てることがわかります。

赤ちゃんが生まれてからは、母親は赤ちゃんの泣きとのおつきあいに明け暮れします。赤ちゃんの泣きに泣かされる日々ともいえます。

しかし、その母親の涙が実る時がきます。それは愛着の形成です。愛着は心の育ちの第一歩となるものですが、第一愛着対象者として母親が選ばれるのです。愛着の人は、生涯にわたって心のよりどころとなる人です。献身的なお世話の末には、すばらしいプレゼントが待っています。

人見分け

あなたは赤ちゃんに近づいた時、あなたの顔を見て赤ちゃんが泣きだしてしまって、困った体験がありますか？　あなたの顔を見て赤ちゃんが泣きだしたのは、赤ちゃんが人見分けをしたからです。人見分けは一般には人見知りと言われています。

ところで、人見知りとは広辞林で調べると、見なれない人を見て、嫌ったり、はにかんだりすることと説明されています。0歳代には人を嫌ったり、はにかむという気持ちは育っていません。幼児期になってから育つものです。従って、私は0歳代の赤ちゃんの見なれない人を見た時の行動は、見なれた人と見なれない人を見分けることによって起こる行動ですので、人見知りではなく「人見分け」と称することが適切であると考えます。

人見分けはだいたい半年頃から兆候が出て、7～8ヵ月頃にピークとなります。

どうして人見分けが出るかというと、見知らぬ人を見ると赤ちゃんは緊張したり、不安になるからです。その結果、泣いたり硬い表情を見せたり、母親にしがみついたりするのです。人見分けは対人関係の発達途上に出る行動で、出てしかるべき行動です。

さて、人見分けにおいて重要なことは、赤ちゃんが緊張や不安な気持ちをどう解決するかです。この時、支えになるのが愛着です。

赤ちゃんは愛着の人にしっかりと抱っこをされて、「大丈夫よ」となぐさめられると、泣きやんだり、いつもの表情をとりもどします。

さて、人見分けは数ヵ月間続きますが、赤ちゃんは愛着の人を心のよりどころとすることで、人見分けの時期をのりこえます。人見分けが出たら、人を見分けることができるまでに成長したことを喜びたいものです。親によっては、人見分けの時期には来客があることを困ったり、外出を控えたりしますが、悩むことではありません。必ず人見分けには終わりが来ますので、その時を待つことです。

人見分けを親子でのりこえることは、愛着を深めます。つまり、人見分けは親子の絆づくりに一役買っているのです。人見分けを絆づくりのチャンスととらえて、親子でのりこえることが大切です。

後追い

7～8ヵ月頃、赤ちゃんは這い這いができるようになると、後追いをするようになります。赤ちゃんは母親の行く所どこへでも這い這いで追っていきます。トイレの中まで追ったり、台所でお仕事をしている所まで追ったりします。追っている最中に母親を見失うと、さめざめと泣きます。母親が「ママはここだよ」と言って姿を見せると、赤ちゃんの表情がパッと変わります。

ところで、後追いはどうして出るのでしょうか？　それは、愛着が育つことで赤ちゃんが愛着の人と一緒にいたい、愛着の人にもっと甘えたいとなるからです。母親が見えなくなったり、母親が赤ちゃんのそばを離れることは、赤ちゃんにとって一大事なのです。

赤ちゃんは母親が見えなくなると、とてもうろたえます。うろたえながらも、母親のあとを追います。従って、後追いは愛着が育ったことを証する行動で喜ぶべき行動なのです。

さて、後追いは這い這いだけではなく、赤ちゃんのまなざしにも出ます。赤ちゃんは常に母親の姿を目で確認するようになります。一人で遊んでいる最中に、時々母親はどこかなと周りをキョロキョロと見まわします。母親の姿を確認できると安心して遊びに戻りますが、母親の姿を確認できないと、遊ぶどころではなくなり泣き出します。母親は後追いをされると、赤ちゃんがますます愛おしくなります。

また、後追いが出る時期に、赤ちゃんが共感を求めるまなざしを母親に向けるようになります。たとえば、おもちゃの自動車で遊んでいる時、自動車をギーコギーコと動かすことができると、パッと母親の方にまなざしを向けます。母親が「自動車がギーコギーコと動いたね、じょうずだね」というと、赤ちゃんは納得します。

また、救急車のサイレンの音が聞こえると、赤ちゃんはパッと母親の方にまなざしを向けます。母親が「ピーポーが聞こえたね、救急車だよ」というと、赤ちゃんは納得します。赤ちゃんがどんなに愛着の人を心のよりどころとしているかがうかがえますね。

後追いへの適切な対応や赤ちゃんのまなざしへの適切な対応は、愛着をさらに深めます。人見分けや後追いは、愛着を盤石なものへと育て上げます。

1歳以降になると知的好奇心から探索行動に挑戦したり、家族以外の人や友達との交流が始まります。赤ちゃんは愛着の人を心のよりどころとして、行動範囲を広げていきます。赤ちゃんは段階を踏んで成長するのですね。

恵み9　泣きは音声を聞くことをもたらします

10ヵ月頃になると「ンマンマ」「ブーブー」などの始語が出ます。10ヵ月という時期が来るところでどのようにして始語は出るようになるのでしょうか？　いいえ「ンマンマ」の音声を数えきれないほど聞いて「ンマンマ」は食べ物を意味する音声であることを学んだからです。

離乳食が始まると「ンマンマ食べようね」「ンマンマ美味しいね」「ンマンマモグモグしようね」「ンマンマゴックンね」などと「ンマンマ」の音声がかけられますね。

この音声を聞くということが肝要なのです。

ところで、赤ちゃんが音声を聞く時といえば、人に話しかけられたり、泣いたり、笑ったり「お語り」をする場面です。中でも泣き声は音声が大きいので聴覚がしっかりとキャッチできます。泣き声を聞くことや音声を聞くことによって音声を聞く力が育まれます。

恵み10　泣きは未熟な脳の発達を援護します

赤ちゃんは心身共に未熟で生まれてきますが、脳の発達を図るプログラムが備えられています。さて、脳の発達のプログラムの開花に不可欠なものは酸素です。

未熟な脳が発達するうえで、最も必要とするものは酸素です。生まれたばかりの赤ちゃんの脳は、多くの酸素を消費するとされています。従って脳の発達を図るには、多くの酸素を送りこまなければなりません。ところが、赤ちゃんは肺呼吸はしていても、呼吸器官の機能が未熟であるためにうまく呼吸ができません。

それでもたくさんの酸素を脳に送りこまなければなりません。

そこで、赤ちゃんにはたくさんの息を吸うことが求められます。たくさんの息を吸うことを可能にするのが、大声で泣くことです。

「オギャーオギャー」の呼気音を出せば、その分たくさんの息を吸うことが可能になります。こうしたことから、泣きが脳の発達を援護していることがわかります。

つまり、心身共に未熟で生まれた赤ちゃんが、脳の発達を図るためには、泣くしかないのです。

3 泣きに秘められている恵みのまとめ

呼気音の時期

赤ちゃんは「オギャー」と産声を上げて生まれてきます。「オギャー」の産声は肺呼吸の始まりを告げるものです。赤ちゃんは生まれると胎内での内呼吸から、肺呼吸にきりかわります。これから、生涯にわたって肺呼吸をしていきます。

さて、この肺呼吸ですが、生まれて3ヵ月頃までは、肺呼吸がうまくできないという問題をかかえています。うまく呼吸ができないという問題は、赤ちゃんの責任ではありません。あなたは、赤ちゃんが心身共に未熟で生まれてくることをご存じですね。でも、赤ちゃんがうまく呼吸ができないことについては、人々に衆知されていません。

赤ちゃんは生まれて数ヵ月間（0〜3ヵ月）は、呼吸器官の機能が未熟であるために、うまく呼吸をすることができません。そのために、赤ちゃんにしばしば息苦しい事態が起こります。すると、赤ちゃんは大きく息を吐いて、たくさん息を吸うことをします。これは息苦しい事態から脱け出すための自助努力です。

赤ちゃんが大きく息を吐く時、声帯の振動が起こることによって「オギャーオギャー」の音声が出ます。従って、「オギャーオギャー」の音声は、息を大きく吐くことによって出る呼気音なのです。この時の「オギャーオギャー」の音声には、赤ちゃんの欲求や意思はふきこまれていません。

泣きのマジック

赤ちゃんが「オギャーオギャー」の呼気音を出すと、人々は、何はさておいても、赤ちゃんのもとにかけつけて、抱っこをしたり、オッパイを飲ませたり、オムツを替えたりと何かとお世話をします。つまり、「オギャーオギャー」の音声が人々のお世話にスイッチをいれるわけです。

お世話にスイッチが入るのは、「オギャーオギャー」の音声を出すのは、赤ちゃんにのっぴきならない事態が起こっているからだと考えたり、かわいそうと思うからです。

私は、これが赤ちゃんの泣きが持つマジックだと考えています。

人々が泣きのマジックにかけられるのは、「オギャーオギャー」の音声が、呼吸の営みによって出る呼気音であることを知らないことが原因であると考えます。

この時期の赤ちゃんは、息苦しさを解決するために、「オギャーオギャー」の音声を出さざるを得ないのです。つまり、呼吸をととのえる自助努力なのです。

赤ちゃんは悲しかったり、寂しかったりして「オギャーオギャー」の音声を出しているわけではありません。さて、泣きのマジックに動かされて、人々は何はさておいてもかけつけてお世話をします。

こうした世話をされる体験をとおして、赤ちゃんは「欲求を伝える泣き」を習得します。

泣きのマジックは、すばらしいものを習得させますね。

「欲求を伝える泣き」

「オギャーオギャー」の音声が呼気音である時期に、赤ちゃんは「オギャーオギャー」の音声を出すと、なにやかやとお世話をされます。このお世話をされる体験をとおして赤ちゃんは、「オギャーオギャー」の音声は人々のお世話をひきだすことを学びます。この学びがもととなって、赤ちゃんはお世話を必要とする時に「オギャーオギャー」の音声を出すようになります。これが「欲求を伝える泣き」です。

たとえば、「オギャーオギャー」の音声を出すと、母親はオッパイを飲ませます。「オギャーオギャー」の音声を出すとオッパイを飲ませてもらう体験は、一日に何回も起こります。この体験から、赤ちゃんは「オギャーオギャー」の音声を出すと、オッパイを飲ませてもらえることを学びます。すると3ヵ月頃になると、空腹になるとオッパイを飲みたい欲求を「オギャーオギャー」の音声で伝えるようになります。ここで、無意識である「オギャーオギャー」の呼気音に、赤ちゃんの欲求がふきこまれることで、意識ある呼気音となります。「欲求を伝える泣き」の習得は、「オギャーオギャー」の呼気音に終止符をうちます。

つまり、「オギャーオギャー」の音声が意識ある呼気音になることで、一般的に考えられている「泣き声」となります。

さて、「欲求を伝える泣き」を習得すると、赤ちゃんは「欲求を伝える泣き」を出すようになります。どんな泣きでしょうか？　たとえば、赤ちゃんを横抱きにすると泣きます。その時、縦抱きにすると泣きやみます。この泣きは縦抱きにしてほしい泣きです。チャイルドシートに座らせようとすると、泣きます。抱きあげると泣きやみます。チャイルドシートに座りたくない泣きです。（4ヵ月）

母親を見るとそわそわし始めて、「エーンエーン」と甘えるように泣きます。この泣きは抱っこをしてほしい泣きです。（5ヵ月）

人見分けの時期には、見知らぬ人を見ると泣きます。不安な気持ちを伝える泣きです。（6ヵ月）

母親が部屋から出ていくと、ふるえるように泣きます。母親にそばにいてほしい泣きです。（7ヵ月）

おもちゃで遊んでいる時、とりあげると大泣きをします。そのおもちゃでもっと遊びた

い泣きです。（9ヵ月）

このように、赤ちゃんはさまざまな「欲求を伝える泣き」を出してきます。赤ちゃんが「欲求を伝える泣き」を出すようになると、人々は泣きから赤ちゃんの気持ちをおしはかることができるようになります。また、さまざまな「欲求を伝える泣き」から、さまざまな感情が育っていることが推察できるようになります。

0歳代の感情といえば単純なものですから、「欲求を伝える泣き」の内容は単純なものです。でも、年齢が進むにつれて感情が豊かになります。そうなると、「欲求を伝える泣き」の枠を超えた泣きが出るようになります。どのような泣きでしょうか？

年齢を追って泣きの変容ぶりを見てみましょう。

泣きの変容

1歳代の泣き

恐怖心が育ちますので、母親の姿が見えなかったり、大きい音がするとおびえて泣きます。たとえば、昼寝から目が覚めた時に、母親がそばにいないと大泣きをしたり、花火の音や太鼓などの音におびえて泣きます。

また、自分の思い通りにならないと泣きます。たとえば、外で楽しく遊んでいて、もっと遊び続けたいと思っている時に、母親がお部屋にいれると、床に寝転んで手足をバタバタさせて泣きます。

2歳に近づくと、自立心が育ちますので、自分のことは自分でやろうとします。それを妨げられると泣きます。たとえば、自分でズボンをはこうとして頑張っている時、母親がズボンをはかせると、自分ではきたいのにと怒って泣きます。

2歳代の泣き

自我が芽生えてきますので、自己主張が強くなり、親の思い通りにならなくなります。たとえば、寒い日に長袖の服を着せようとすると、半袖の方が良いと言って泣きます。しかも半袖を着ることを許してもらえるまで泣き続けます。

友達と遊びたいのに、仲よく遊ぶことが難しい時期です。親が友達におもちゃを貸すことをうながすと、いやだといっておもちゃをかかえこんで泣くということが起こります。

3歳代の泣き

3歳代は友達と遊ぶ機会が増えますが、自己中心的に行動する時期ですので、友達と遊んでいる時トラブルが起こります。たとえば、おもちゃをとったとらないの争いが起こったり、気にいらないと叩いたり押しのけたりします。こうした時に、大人に注意されると、悲しくて泣きます。

また、嫉妬心が育ちますので、やきもちをやくようになります。たとえば、母親が下の子のお世話をすると、下の子にやきもちをやいて、下の子をいじめたりします。母親に注意されると、僕だって甘えたいと言わんばかりに大泣きをします。また、買ってほしいおもちゃを買ってもらえないと、「買ってよ！」と強い口調で言います。それでも買ってもらえないと大泣きをします。

4歳代の泣き

勝負の心が育ってきますので、負けると悔しがって泣きます。たとえばすごろく遊びで、数が少ない目が出ると、負けることを予想して泣きます。

大人の仲間入りをしたくなります。大人のようにふるまおうとしますが、思い通りにふるまえないと泣きます。たとえば、お留守番をしたいと言ってお留守番をしますが、母親の帰りが遅いと待ちくたびれて泣きます。

また、創造的な遊びをしますが、イメージどおりにいかないと泣きます。たとえば、ブロック遊びでイメージどおりに組み立てられないと、悔しくて泣きます。

泣きの共通点

0歳代から4歳代までの泣きを見てきましたが、年齢が進むにつれて泣きが変容することがわかります。変容はしますが共通点があります。どんな共通点でしょうか。

①泣きに感情がふきこまれています

年齢が進むにつれて感情が豊かになります。豊かになれば豊かになった感情が泣きにふきこまれていることがわかります。

そこで、泣きから、どんな感情が育っているかが推察できるようになります。0歳代から4歳代の5年の間に、泣きから自我や嫉妬心や勝負の心や大人になりたい気持ちなどの感情が育つことが推察できます。

②泣きはことばの代弁者です

大人でも自分の気持ちをことばで表現することが難しい時があります。まして、幼児となれば「どうして泣いているの？　はっきりお話ししてごらん」と言われても説明できるものではありません。こんな時にことばの代弁をするのが泣きです。

泣きが感情表現のことばの代弁をするのです。

たとえば、パパがお出かけする姿を見て、子どもがパパと一緒にお出かけをしたくなると、「僕も一緒に行きたい」と言います。でも、パパは「今日はお仕事だからダメだよ」と言います。すると、子どもはパパと一緒に行きたいと言って泣きじゃくります。泣きじゃくる姿から、子どもがどんなにパパと一緒にお出かけしたいかがわかります。

また、子どもが冷蔵庫の前に立って「ジュースちょうだい」と言います。母親は「そんなに飲んだらお腹をこわしてしまうよ、もう少ししてからね」と言います。すると、子どもは泣きます。この泣きはどんなに飲みたいかをことばにかわって伝えるものです。

このことは、大人の泣きでも同じことが言えます。たとえば、親しい人と死別すると泣きくずれます。泣きくずれる姿から、ことばでは言い表せない深い悲しみが伝わってきます。まして、子どもはことばで気持ちを表わすことは困難ですので、泣かざるを得ないわけです。泣きじゃくる姿や泣き崩れる姿は、見る人の胸を打ちます。

こうしたことから、泣きはことばにかわる代弁者と言えます。

③泣きはコミュニケーションをとりたい意欲を育てます

赤ちゃんは「お語り」やまなざしや行動によって、欲求や意思を伝えますが、中でも泣きは有効な手段です。なぜなら、人々は赤ちゃんの泣きに弱いからです。

赤ちゃんは泣きへの適切な対応をとおして、欲求や意思を人々に伝えることができることを学びます。この学びは人とコミュニケーションをとりたい意欲を育てます。この意欲はコミュニケーション能力の発達の要となるものです。

「オギャーオギャー」の呼気音は、いわゆる泣き声ではありません

私は先に、「欲求を伝える泣き」が出るまでの「オギャーオギャー」の音声は、呼吸の営みによって出る呼気音であることを述べました。

「欲求を伝える泣き」以降の泣きを調べると、それ以前の「オギャーオギャー」の音声は、呼気音であるととらえたことは、間違っていないと改めて確信するに至りました。なぜなら、「欲求を伝える泣き」以前の「オギャーオギャー」の音声には、泣きの共通点が備わっていないからです。このことを改めて説明します。

①「オギャーオギャー」の呼気音には感情がふきこまれていません

生まれて3ヵ月頃までの赤ちゃんには、嬉しい、悲しいなどの感情は育っていません。快・不快の感覚が備えられていて、不快を覚えると「オギャーオギャー」の音声を出すのです。

また、なんと言ってもこの時期は呼吸器官の機能が未熟であるために、しばしば息苦しくなります。必要とする酸素をとり入れるためには「オギャーオギャー」の音声を出さざるを得ないのです。こうしたことから、「オギャーオギャー」の音声が呼気音である時期には、感情がふきこまれている音声ではありませんので「泣き声」ではありません。

②「オギャーオギャー」の呼気音はことばの代弁者にはなれません

「欲求を伝える泣き」を習得すると、「泣き」はことばの代弁者となります。しかし、それまでの「オギャーオギャー」の呼気音は無意識なものです。

また、「オギャーオギャー」の音声が呼気音である時期には、赤ちゃんはことばで伝えるほどの感情が育っていません。

従って、この時期（0～2ヵ月）の「オギャーオギャー」の呼気音は、ことばの代弁者にはなれません。

③「オギャーオギャー」の呼気音はコミュニケーションをとりません

「欲求を伝える泣き」が出る以前の「オギャーオギャー」の音声には、意思や欲求がふきこまれていません。従って、0～2ヵ月頃の呼気音では、コミュニケーションをとることは起こりません。「オギャーオギャー」の音声は、意思や欲求がふきこまれて意味のある音声となってから、コミュニケーションをとることが起こります。

④「オギャーオギャー」の呼気音の働き

「オギャーオギャー」の呼気音は、呼吸の営みから出るもので、いわゆる「泣き声」ではありません。それにもかかわらず「オギャーオギャー」の呼気音は赤ちゃんに泣きの恵みをもたらします。それは、赤ちゃんが「オギャーオギャー」の呼気音を出すと、人々が泣いていると思うからです。つまり、「オギャーオギャー」の呼気音を出すと赤ちゃんが泣いていると思うことで、人々は泣いた時と同じ対応をします。そこで、赤ちゃんは新生児期から泣きに秘められている恵みを享受できるようになります。「オギャーオギャー」の呼気音を泣いているという人々の思いこみが、赤ちゃんに泣きに秘められている恵みの享受をもたらすのです。

さて、赤ちゃんが「オギャーオギャー」の呼気音を出すと、人々は何らかの対応をします。この対応をされる体験をとおして、赤ちゃんは「欲求を伝える泣き」を習得します。

こうしたことから、「オギャーオギャー」の呼気音は、「欲求を伝える泣き」を育てるという偉業をなしていることがわかります。

「オギャーオギャー」の呼気音は、すばらしい働きをしているのです。

赤ちゃんにとって泣きとは何でしょうか？

赤ちゃんは「オギャー」の産声を上げて生まれてきます。産声は地上の子としての人生の始まりを知らせるものです。

私は、「オギャーオギャー」の音声（泣き）は、生きることと心身の発達を図ることができるようにと備えられた天与の賜物であると考えます。

泣きは本来、呼吸の営みから生じるものですので、すべての赤ちゃんが泣きます。呼吸の仕方しだいで「オギャーオギャー」の音声が出ます。

また、生きるために飲食をすること、呼吸をすること、身をまもることなどが不可欠ですが、赤ちゃんは自分では何もできません。そこで、人のお世話が必要となります。

このお世話をひきだすのが「オギャーオギャー」の音声（泣き）です。赤ちゃんは泣くことで、適切なお世話を受けることができるので、生きることと発達を図ることができるのです。

さて、赤ちゃんは心身共に未熟で生まれてきますが、発達のプログラムが備えられています。この発達のプログラムの開花には、人との関わりが不可欠です。特に認知能力やことばや社会性は、人との関わりがなくては、発達を図ることができません。幸いなことに、赤ちゃんが「オギャーオギャー」の音声（泣き）を出すと、人々が関わってくれるので、人との関わりを持つことができます。

ところで、あなたは泣かない赤ちゃんを想像したことがありますか？　泣かなければ手がかからなくていい子だと思いますか？　赤ちゃんが泣くから人々が集まったり、泣くからお世話をすることでドラマが生まれるのです。呼吸の営みから出る泣きや笑いやお語りをすることが、赤ちゃんを魅力あるものにしているのです。

こう考えると、赤ちゃんは泣いてほしいものですね。

では、母親にとって赤ちゃんの泣きとは何でしょうか？　もし、赤ちゃんが泣かなかったら、母親はどうやって赤ちゃんのお世話をするのでしょうか？

そろそろ、お腹がすく時間かな？　と思ってオッパイを飲ませるのでしょうか？

抱っこをしてあげなければならないと思って抱っこをするのでしょうか？

泣かないからそっと見守りましょうとなるのでしょうか？

いずれにしても、泣きに秘められている恵みの享受が減少することでしょうね。

赤ちゃんは人のお世話を受けなければ生きることができません。赤ちゃんはピンチに陥ると「オギャーオギャー」の音声を出します。泣けば母親がやってきて、お腹がすいたのかしら？　抱っこが必要なのかしら？　オムツがぬれているのかしら？　などと考えてお世話をします。赤ちゃんはお世話をされることで、ピンチから抜け出ることができます。

こうしたことから、母親にとって、赤ちゃんの泣きは、その時に必要とするお世話を伝えるサインであると考えます。

ところで、母親は赤ちゃんに何かをしてあげたくてたまらないものです。いつも何かしてあげるチャンスを待っています。赤ちゃんの泣きはそのチャンスを知らせるものです。こう考えると、泣きは赤ちゃんを育てる醍醐味を体験させてくれるものといえます。「手塩にかけて育てる」という言いまわしがあります。「手塩にかけて育てる」というのは、自分が骨を折って育てあげることです。「手塩にかけて育てる」ことは、赤ちゃんの泣きに対して、お世話をすることから始まるのです。

赤ちゃんの泣きには、たくさんの恵みが秘められています。秘められている恵みを理解して、赤ちゃんの泣きを受けとめてくださることを期待してやみません。

第2章

呼吸援助抱っこは自閉症児を救います

1　呼吸援助抱っことは？

赤ちゃん時代の泣き

私が自閉症児と出会うのは、2～3歳になって自閉症と診断されてからです。入園に際して、生育歴を調べたり、発達検査を行います。それに加えて、親から赤ちゃん時代の様子を聞きとることにしています。

さて、私が「赤ちゃんの頃よく泣きましたか？　それともあまり泣かなかったですか？」とたずねると、母親たちから次のような返事が返ってくるのがほとんどです。

「よく泣きました。一日中泣いていました。抱っこをすれば泣きやむと思って抱っこをしましたが、泣きやむことはありませんでした。ベッドに戻すと泣きやみました」と語る母親たちがいます。反対に、「うちの子はあまり泣きませんでした。手がかかりませんでした」と語る母親たちがいます。母親たちの話から赤ちゃん時代の泣きが尋常でないことがうかがえます。

自閉症児は赤ちゃんの頃、よく泣くか、あまり泣かないかのいずれかであることが推察できます。これでは、泣きに秘められている恵みを享受できるわけがありません。泣きに秘められている恵みを享受できないということは、大変なことです。なぜなら泣きに秘められている恵みが、発達の土台づくりに不可欠だからです。

そこで、私は泣きに秘められている恵みを享受させるためのとりくみとして、呼吸援助抱っこというとりくみをあみだしました。自閉症児は接触嫌いだから、密着する抱っこをすれば必ず泣くに違いない、その泣きをリードすれば、泣きに秘められている恵みを享受させることができるようになると考えたのです。

はたせるかな、呼吸援助抱っこをすると、子どもは必ず大泣きをしました。しかし、泣きに秘められている恵みを享受させるためには、大泣きをさけて通るわけにはいきません。

私は子どもの大泣きを受けとめて、呼吸援助抱っこのとりくみを続けました。大泣きをリードすることは大変なことでしたが、続けていると泣きがだんだんとおさまり、子どもの方から私の身体に身体をよせてくることが起こりました。これは驚くべき行為です。

何故なら、接触嫌いの自閉症児には起こり得ないことだからです。

この時、子どもが深い腹式呼吸をしていることが私の身体に伝わってきました。さらに、私の目をみつめてきました。「ああ！　アイコンタクトが出た！」と感動してみつめ返しました。その時の子どもの顔は、まるで赤ちゃんのようにあどけないかわいらしい表情でした。

さらに、呼吸援助抱っこを続けると望外の成果が出てきました。

その成果から、大泣きにはすばらしい恵みが秘められていることがわかりました。

呼吸援助抱っことは？

呼吸援助抱っことは、どのような抱っこでしょうか？

抱っこをすることによって泣きをひきだして深い腹式呼吸へと誘導し、アイコンタクトをひきだす抱っこです。

呼吸援助抱っこの仕方について

呼吸援助抱っこの仕方を説明します。

①抱き手は正座をして、子どもを対面させて膝の上にのせます。

②子どもの両腕を、抱き手の両脇の下をとおして背中に回させます。抱き手は自分の胸に子どもの胸を密着させて、縦抱きだっこの体勢をとります。

③抱き手は片腕を子どもの背中にあてて、もう片方の腕を腰部にあてて、子どものお腹を抱き手のお腹にしっかりと密着させます。

④抱き手は密着の体勢を保持します。子どもによっては密着を避けようとして、抱き手と自分の身体との間に手をさしこんできます。子どもがどんなに嫌がっても、抱き手は子

どもの胸とお腹を引き寄せて、しっかりと密着を継続させます。

⑤子どもは密着抱っこの体勢を崩そうとして強く抵抗します。抵抗されても抱っこを続けます。

⑥子どもによっては抱き手を叩いたり、噛みついたりの抵抗や失禁してしまうこともあります。

抵抗は年齢や障害の程度によって違いますが、必ず抵抗がおさまる時がきます。

⑦抵抗がおさまると、不思議なことに、子どもは抱き手の胸に身体をもたれかけてきます。この時深い腹式呼吸をしていることが、抱き手のお腹に伝わってきます。なかには抱き手に全身をもたれかけてきて、居眠りをする子どもがいます。居眠りをしても目が覚めると、抱き手の顔をみつめてきます。

⑧落ち着くと、子どもは抱き手をみつめてきます。

呼吸援助抱っこの成否は、子どもがアイコンタクトをとってくるか否かによって決まります。アイコンタクトをとってくれば、成功です。

呼吸援助抱っこの問題点

呼吸援助抱っこの問題点は、大泣きが出ることです。

世間ではわざわざ泣かせることはない、子どもを泣かせるのは、かわいそうだと思われています。その思いは親にもあります。これが、呼吸援助抱っこが敬遠される一因となっています。では、本当に呼吸援助抱っこは子どもにとってかわいそうなとりくみでしょうか？　私はかわいそうなとりくみとは思いません。なぜなら、確かに呼吸援助抱っこをすると泣きますが、泣きがおさまると、子どもは抱き手に身体をもたれかけてきたり、アイコンタクトをとってきたり、甘えてくるようになります。こうした姿は、普段は見られないものです。このような子どもたちの姿を見ると呼吸援助抱っこは子どもにとって、決してかわいそうなとりくみであるとは思えません。また、私が「抱っこだよ」と言って腕を広げると、子どもはイヤイヤしないで、ニコニコして腕のなかにとびこんできます。

子どもは呼吸援助抱っこの体験から、呼吸援助抱っこの後には、快いコンディションになることがわかっているのです。友達が抱っこをされると、次は僕の番だよと言わんばかりに待機しています。

また、呼吸援助抱っこで大泣きをしても、次の日は、ニコニコ笑顔で登園してきます。

このような子どもたちの姿を見ると、呼吸援助抱っこで泣くことは決してかわいそうなこととは思えません。むしろ、私は子どもが浅い呼吸に耐えていることの方がかわいそうだと思います。ある母親は、「呼吸援助抱っこをすると、初めのうちは子どもが大泣きをするのでとてもつらかったですが、泣きやんだ後には、赤ちゃんのようにあどけないかわいらしい表情を見せるので、それが励みでした」と話されました。ある母親は「もっと大きい声を出して泣きなさいと励ましました」と話されました。

さて、呼吸援助抱っこで大泣きをすることによって深い腹式呼吸ができるようになると、子どもは快のコンディションになります。これまで体験したことのない快のコンディションです。

子どもは快のコンディションから、抱っこは心地よいものであることを学びます。やっと抱っこをオアシスのように受けとめられるようになるのです。これは奇跡に近いことです。呼吸援助抱っこを続けると子どもは抱っこが大好きになっていき、子どもの方から「抱っこしてー」と抱っこを求めてくるようになります。

2　大泣きに秘められている恵み

呼吸援助抱っこがひきだす大泣きには、たくさんの恵みが秘められています。どんな恵みでしょうか？

恵み1　泣きは呼吸を深くします

ブツブツひとり言をいったり、ヘラヘラ笑い続けたり、ピョンピョンとびはねたり、大声を発したりする子どもがいます。

実は、こうした行動は呼吸が浅いことによって出ることが、多くの自閉症児の呼吸援助抱っこのとりくみによってわかってきました。呼吸援助抱っこをつづけると、ブツブツひとり言を言ったり、ヘラヘラ笑い続けたり、ピョンピョンとびはねたり、大声を発したりする等の行動に改善がみられました。

自閉症児は呼吸が浅いために、息を多めに吐いて、息を多めに吸うことをせざるを得ないのです。大声で泣くとたくさん息を吐いて、たくさん息を吸うことが起こります。

その結果、横隔膜の動きが活発になり、呼吸が深くなります。

恵み2　泣きは睡眠の質を改善します

睡眠が浅かったり、朝まで眠り続けることができなくて、夜半に、1時間くらい起きていたり、大泣きをしたり、走りまわったり、ヘラヘラ笑ったり、大声を発したりする子どもがいます。眠るポーズも亀のようにうずくまって眠る子どもがいます。

また、寝つきが悪かったり、睡眠時間が3～5時間くらいという非常に短い子どもがいます。こうした子どもの親は睡眠不足になるので大変です。

しかし、呼吸援助抱っこのとりくみを続けると、1ヵ月くらいで睡眠のトラブルが解決します。なかには1週間くらいで解決する子どもがいます。

また、寝るポーズにも変化が起こって、仰向きで大の字になって朝までぐっすり眠り続けるようになります。子どもが10～15時間くらい眠り続けるので心配になって、胸に手を当ててみる親がいるほどです。また、熟睡するようになります。

呼吸援助抱っこで睡眠の質の改善を図ることができるのは、浅い呼吸が原因で睡眠のトラブルが起こっているからです。

恵み3　泣きは便秘を改善します

便秘がひどく、1週間くらい便が出ない子どもがいます。便秘の薬を飲んでも改善しない子どもがいます。便秘のひどい子どもは、呼吸援助抱っこをしても、当初は大声で泣きません。

根気よく呼吸援助抱っこを続けると、大泣きが出るようになります。大泣きが出るようになると、徐々に便秘が改善していきます。それは横隔膜の動きが活発になると、それに刺激されて、腸の動きが活発になるからです。

恵み4　泣きはアイコンタクトをひきだします

自閉症児の最たる特徴に視線が合わないことがあります。確かにチラッと目を合わせますが、みつめ続けることは難しいです。

発達を図るうえでみつめる目の働きが絶大であることを考えると、みつめる目を育てることは不可欠なことです。これに応えるのが呼吸援助抱っこです。

呼吸援助抱っこをすると、大泣きが出ます。でも、大泣きをして深い腹式呼吸ができるようになると、子どもが抱き手に身体をゆだねてくるようになります。この時抱き手の顔をみつめることが起こります。

こうしたことから、アイコンタクトは、深い呼吸によってもたらされることがわかります。

呼吸援助抱っこのたびにアイコンタクトが出るようになると、徐々に視線が合うようになっていきます。視線が合うようになると、子どもに人を受け入れることが起こります。ここに人との関わりが生じます。今もって、私はある子どものことばが忘れられません。それは「僕はひとりボッチの世界にいるんだ」と４歳の子どもが叫んだことです。私は子どもに自閉症の何たるかを教えられた思いがしました。

恵み５　泣きは抱っこを好きにします

呼吸援助抱っこを続けていると、子どもの方から抱っこをもとめてくるようになります。抱き手が「抱っこだよ」と言って腕を広げると、子どもは腕の中にとびこんできます。その姿から抱っこを心待ちにしていることがうかがえます。

このように抱っこが好きになるのは、呼吸援助抱っこによって、抱っこの心地よさを体験できるからです。では、何によって抱っこの心地よさを体験するのでしょうか。それは大声で泣くことで深い呼吸ができるようになります。この深い呼吸がもたらす快のコンディションから抱っこの心地よさを体験するのです。

ところで、赤ちゃんは泣いている時、抱っこをされて深い呼吸ができるようになると快いコンディションとなります。すると抱っこをオアシスのように受けとめるようになります。

自閉症児にも正常に発達する赤ちゃんと同様なことが起こります。呼吸援助抱っこをとおして抱っこをオアシスのように受けとめられるようになるのです。そこで、抱っこが好きになるのです．子どもにとって、どんなに幸せなことでしょう。

自閉症児は長い間、抱っこの心地よさを体験できないことを思うと胸が痛みますね。

抱っこが好きになると、夜も抱っこをされて寝つくようになります。

抱っこで寝かしつけることが難しかった子どもが「抱っこでねんねしたい」と言うようになるのです。母親にとって、どんなに嬉しいことでしょう。

恵み６　泣きは感覚を改善します

・花火の音や祭りの太鼓の音におびえる子どもがいます。（聴覚）
・ガソリンのような強い刺激の臭いを好んだり、食べ物の臭いを嗅ぐ子どもがいます。（嗅覚）
・極端な偏食で食べられる食品が限られている子どもがいます。（味覚）
・手をつなごうとしても手をつながない子どもがいます。（触覚）
・視線を合わせようとしない子どもがいます。（視覚）

このように、自閉症児には感覚にアブノーマルな面がみられます。こうした問題をひとつずつ改善することは至難です。ところが、不思議なことに、呼吸援助抱っこを継続すると、これらの問題が徐々に改善していきます。まず、呼吸援助抱っこが好きになるにつれて、接触嫌いが改善されます。

さらに、呼吸援助抱っこによって深い腹式呼吸ができるようになり、抱き手をみつめるようになるにつれて、視線が合わないことが改善されます。

こうして、触覚と視覚が改善されると、不思議なことに他の感覚も改善されていきます。赤ちゃんの感覚の育ちのところで、視覚が他の感覚をリードしていることを述べましたが、自閉症児が呼吸援助抱っこによって視覚が改善すると、他の感覚も視覚にリードされて改善されるのです。「泣きの涙が感覚の問題を流す」と言いたいです。

さて、感覚の改善が起こると、自閉症児の行動に変化が出ます。たとえば、公園につれていくと、一人で走りまわっていた子どもが、母親と一緒にブランコに乗るようになったり、手をつないで歩くようになります。また、身体に触れる遊びを嫌がっていた子どもがおんぶや肩車やタカイタカイの遊びをおねだりするようになります。親たちはやっと一緒に遊べるようになったと喜ばれます。

恵み7　泣きは赤ちゃん返りをひきだします

アイコンタクトをとっている時のまなざしは、赤ちゃんのようなまなざしです。

赤ちゃんのようなまなざしからわかるように、泣いた後には子どもが赤ちゃんに返ることが起こります。呼吸援助抱っこを続けると泣いた後だけではなく、普段の生活の中でも、子どもは赤ちゃんのようなふるまいを出すようになります。たとえば、「ンマンマアブーブー」「ダーダー」と言ったり、ハイハイをしたり、「オギャーオギャー」と泣いたり、指しゃぶりをしたり、オッパイを飲んだり、オムツをあてたりします。

母親は「赤ちゃんに戻ってしまった。悩みがふえた」と心配されますが、実は、こうした赤ちゃん返りは心配の種ではなく、子どもが自閉症という障害を克服するうえで、出てしかるべきものなのです。なぜなら、障害のために、赤ちゃんの時期に、たどるべき道すじをたどることが難しくて、大きくなっているからです。赤ちゃん返りは０歳代の発達のたどりなおしなのです。赤ちゃん返りが終わると、子どもは別人のようになります。

恵み８　泣きは愛着を育てます

呼吸援助抱っこを続けると、子どもにとって抱っこがオアシスのようなものとなります。

さて、オアシスのような抱っこの中で、子どもは抱き手からの刺激を受けとめます。

感覚の改善により抱き手からの刺激をノーマルに受けとめるようになっています。

その結果、抱き手からの刺激は、快いものとして受けとめるようになります。そこで、子どもは呼吸援助抱っこをしてくれた人を慕うようになります。また、呼吸援助抱っこによって深い腹式呼吸ができるようになるので、その深い腹式呼吸に導いてくれた人を信頼するようになります。子どもは何も語りませんが、呼吸援助抱っこをしてもらえなかった何年間は、浅い呼吸に耐えていたことが推察できます。

こう考えると、自閉症児にとって呼吸援助だっこをしてくれる人は、救世主にあたいします。さて、愛着が育ちはじめると、次のような行動がでます。

たとえば、買い物をする母親のそばを離れなくなります。以前は目を離すと、どこかへ走っていってしまった子どもが、品定めをする母親のそばを離れようとせず、じーっと待機するようになります。家でも台所で仕事をしている母親のそばをうろうろするようになります。「これまでは私と関係なく行動していたのに、慕ってくる子どもが、本当に愛おしくてたまらない」と母親たちが話されます。

大泣きのまとめ

呼吸援助抱っこに伴う大泣きに秘められている恵みを読んで、「アラ！　これは赤ちゃんの泣きに秘められている恵みと同じだわ」と気づかれたのではないでしょうか？　そうなのです。実は同じです。

赤ちゃんの泣きに秘められている恵みは、赤ちゃん自らが泣くことによって発生するものです。それに対して、大泣きに秘められている恵みは、呼吸援助抱っこで泣きをひきだして、子どもを泣かせることによって発生するものです。

泣くきっかけは違いますが、泣くという行為は同じですので、双方の泣きに、同じ恵みが秘められているのです。

たとえば、呼吸が深まると、アイコンタクトをひきだすこと、感覚を育てること、愛着を育むこと、抱っこをオアシスのように感ずること、人との関わりをもたらすことなどの恵みです。これらの恵みは、発達の土台づくりに不可欠なものです。不可欠なものを赤ちゃんは泣きによって獲得するのです。泣きによって獲得できるので、すべての赤ちゃんが発達のプログラムの開花を図ることができるのです。

ここで、思い出していただきたいことがあります。それは「オギャーオギャー」の泣き声は呼吸の営みの産物であるということです。ということは、呼吸の営みが発達の土台づくりをするということです。

考えてみると、呼吸は生命の営みの根幹です。ここから生命の営みの根幹である呼吸が赤ちゃんの発達をにぎるカギであるということが導きだされます。

さて、私が残念に思うことは、呼吸援助抱っこに伴う泣きが敬遠されることです。子どもの泣く姿を見ることが耐えられないという理由で、呼吸援助抱っこのとりくみに消極的になることです。自閉症の最善のとりくみであることを説明しても理解していただけないことは残念です。

赤ちゃんの時、「オギャーオギャー」の音声を出したら、アイコンタクトが出るまで抱っこをしてあげたことを、ぜひ思い出してください。

3 知育

知育が必要なわけ

呼吸援助抱っこのとりくみは、不可欠なものですが、呼吸援助抱っこのとりくみが及ばない分野があります。

それは知育の分野です。自閉症児は健常なお子さん同様、認知能力を秘めています。しかし、健常なお子さんのように人との関わりを持つことが難しいために、秘めている認知能力をひとりよがりに発達させています。本来ならば、認知能力は人との関わりの中で育つものです。

そこで、偏向している認知能力を改善したり、秘められている認知能力をひきだして、向上させていくとりくみが必要となります。呼吸援助抱っこと知育は、車の両輪のようなもので、どちらが欠けても障害の克服は難しいです。

それでは、認知能力の向上を図るには、どのようなとりくみをしたらよいのでしょうか？　それは、指導者をみつめて学ぶ学習態度を身につけるとりくみから始まります。

着席指導

自閉症児は落ち着きがありません。着席をして食事をすることすら難しい子どもがいます。世間では着席が難しいのは障害のためととらえられていて、着席の指導はほとんど行われていません。指導が行われないのですから、子どもが着席ができるようになるわけがありません。しかし、これでは、認知学習はなりたちません。学習の場面では、指導者と子どもが落ち着いてみつめ合ってこそ、教える教わるの関係が成立するからです。

そこで、正しい姿勢で30～40分くらい着席ができるようになるための指導をします。

正しい姿勢とは、手指を伸展して膝の上に置き、椅子の背もたれにもたれない姿勢です。指導は椅子に腰かけることから始めて、徐々に正しい姿勢で腰かけることを指導します。子どもは着席ができても、しばらくすると姿勢が崩れたり、椅子から立ち上がったり、足や手を動かしたりするようになります。姿勢が崩れた時には、呼吸援助抱っこをして呼吸をととのえてあげます。すると、再び子どもは正しい姿勢で着席するようになります。

指導に時間はかかりますが、根気よく指導を続けると、すべての子どもが正しい姿勢で着席ができるようになります。正しい姿勢で着席ができるようになると、子どもは指導者をみつめるようになり、指導を受け入れるようになります。

見学者は子どもたちが正しい姿勢で着席して、学習にとりくんでいる光景に驚かれます。

知育はみつめる目を育てます

知育の場では、子どもは指導者から学びます。学ぶ時に求められるのは、指導者をみつめることや呈示された教材をみつめることですが、自閉症児はこれが難しいです。

そこで、知育の場面で、みつめることのトレーニングをします。みつめることのトレーニングができる最適の課題は、手遊び歌です。

なぜなら、手遊び歌を習得するには、手本である指導者の手の動きをじーっとみつめなければならないからです。手遊び歌は、幼児期に体験するものであり、難しい課題ではありません。手遊び歌を指導する時、指導者から盛んに出ることばは、「よく見なさい」です。それほど自閉症の子どもはみつめることが苦手なのです。

指導者に「よく見なさい」と言われるたびに、子どもは手本をみつめ直します。こうしたことの繰り返しによって、子どもにみつめる目が育っていきます。みつめることができるようになると、それまで動かなかった手指が、なんと不思議なことに動くようになっていきます。指導者は子どもがみつめて手指を動かすたびに「よくみつめられるようになったね」と、ほめまくります。このほめることが大切です。どんなに小さい変化でも、そこには子どもの努力があるからです。

手遊び歌だけでなく、他の課題においても、学ぶ過程でみつめる目が育っていきます。

知育は模倣力を育てます

手遊び歌の課題は、みつめる目を育てるだけではなく、模倣力を育てます。なぜなら、手遊び歌は、手本の手の動きを模倣することによって習得するものだからです。

その習得の流れは、「手本を繰り返しみつめる→手指の動作を学ぶ→手指の動作を記憶する→手本を見ながら手指の動作を模倣する」です。この一連の流れから、模倣はみつめることが起点であることがわかります。

おつむてんてんの「まねっこ芸」の習得も大人のおつむてんてんの動作をみつめることから始まります。「まねっこ芸」ができることは、みつめる目と模倣力が育っていることの証しです。

なぜ模倣力を育てることが大切であるかというと、物事を学ぶ時、模倣によって学ぶことがほとんどだからです。赤ちゃんは食事のマナーも衣服・靴などの着脱動作も遊びも模倣によって学びます。芸事にしても、職人技にしても模倣することから技能の習得が始まります。

子どもに模倣力が育つと、周りの人々の言動を模倣によって学ぶようになります。

その結果、子とも自らが発達を図っていくことが起こります。

知育は認知の偏りを改善します

自閉症児に認知の偏りがあると言っても、おわかりいただけないと思いますので、２人の子どもを例にあげて説明します。

子ども（４歳）は記号の記憶に優れていました。数字のカードを１〜１００まで正しく並べることや文字のカードを並べて50音表を作ることができました。でも、数の学習において、リンゴを5個並べておいて、指導者が３の数字カードを呈示しながら、「リンゴを３個ちょうだい」と指示を出した時、子どもはリンゴを３個手渡すことができませんでした。３という数字の何たるかがわかっていないのです。子どもは1個ちょうだいもわかりませんでした。これが認知の偏りです。さて、子どもが初めて知る数は「ひとつ」です。

２歳になると、おやつのおかわりをおねだりする時、「もうひとつちょうだい」と言います。そこで、母親がおやつをひとつあげます。こうした体験をとおして、２歳になると、「ひとつ」の数の概念がわかるようになります。自閉症児は体験から数の概念を学ぶことが難しいために、数字のカードを正しく並べることはできても、リンゴのひとつがわからないのです。そこで、必要となるのが数の概念を教えることとです。つまり知育です。学習が進むにつれて、この子どもは「ビスケットを3枚ちょうだい」と言うと、袋からビスケットを3枚とり出して、手渡すことができるようになりました。

もう一人の子ども（4歳）は文字を読むことができました。絵本をスラスラと読みました。でも、読み終わった時、「どんなお話でしたか」の質問に答えることができませんでした。文字は読めても文章の内容を理解することができないのです。

そこで、文章の理解力をつける学習が必要となります。2人の子どもからわかるように認知能力に偏りがみられます。そこで、認知能力の偏りを改善したり、バランスよく認知能力を育てることが必要となります。

知育は人から学ぶ態度を育てます

知育は子どもの世界を広げます。新しい事柄を学ぶことは子どもにとって喜びです。なぜなら、幼児期は知的好奇心が旺盛だからです。

自閉症のために人から学ぶことが難しかった子どもにとって、さまざまな事柄を学ぶことは、知的好奇心を満足させます。この体験は、人から学びたい気持ちを育みます。知育が進むと子どもの方から「これは何?」「どうして?」の質問が出るようになります。

こうした質問が出ることは、人から学びたい気持ちが育ったことの証しです。ここまで育てることが大切です。

知育は人の指示を受け入れる態度を育てます

知育とは一口でいえば、真理(ゆるぎないルール)を教えることです。真理というと大袈裟なと思われることでしょうね。たとえば、手は「テ」ということ、口は「クチ」ということを教えることです。子どもが手のことを「アシ」といったり、口のことを「カオ」と言ったら、それは間違いであることを教えることです。

知育によって、子どもは手は「テ」ということと、口は「クチ」ということを、つまり真理を学ぶわけです。

ところで、指導者が教えることは、知育の場では指示となります。そこで、子どもにもとめられることは、指導者の教えること、つまり指示を受け入れることです。真理は指示として教えられるからです。

さて、指示受容は自閉症児にとって大変なことです。しかし、知育においては、指導者の指示を受け入れなければ、学習が成り立ちません。知育の場では、「僕は指示を受け入れたくない」は許されません。そこで指導者に求められることは、子どもが指示を受け入れた手応えを感じるまで指導を続けることです。指導者は、子どもが指示を受け入れた時には「よく頑張ったね」とほめます。ほめられると子どもは努力を認めてもらえたことで満足します。指示受容の態度が育つにつれて、認知能力の偏りが改善します。また、教える課題も広がっていきますので、認知能力が向上していきます。

さて、知育をとおして指示受容の態度が育つにつれて、親の言うことも聞くようになります。「家の子は頑固で言うことを聞かなくて困ります」と嘆いていた母親が「最近は私の言うことを聞くようになった」と嬉しそうに話されます。

自閉症の早期発見

いずれの障害も早期発見・早期療育が大切であることは周知されています。ところが、自閉症は、幼児期になってから診断されることがほとんどです。それは、自閉症としての特徴がはっきり出てから診断されるからです。しかし、私は長年にわたる自閉症児とのおつきあいから、自閉症は0歳代で発見できることがわかりました。次ページの表は順調に育つ赤ちゃんと自閉症の赤ちゃんの育つ道すじをまとめたものです。この表から自閉症児は0歳代の時期から、順調に育つ赤ちゃんとは異なる道すじをたどって育つことがご理解いただけると思います。従って、自閉症は0歳代に発見できるのです。

赤ちゃんの育つ道すじと自閉症児の育つ道すじ

月　齢	順調に育つ赤ちゃん	自閉症の赤ちゃん
0～1ヵ月頃 アイコンタクト 抱っこ	抱き手の顔をじーっとみつめ続ける。 アイコンタクトが出る。 抱っこをすると泣きやむ。	抱き手の顔をチラッと見るが、みつめ続けない。 アイコンタクトが出ない。 抱っこで泣きやませることが難しい。
2～3ヵ月頃 欲求を伝える泣き ニコッと微笑む	オッパイを飲みたい、抱っこをして欲しいなどの意思や欲求を泣いて伝える。 抱き手の顔をみつめてニコッと微笑む。 母親を見るとニコッと笑う。	いつも同じような泣き方で、意思や欲求を泣いて伝えない。あまり泣かないので手がかからない。 抱き手の顔をみつめたり、ニコッと微笑まない。 母親を見ても、表情が変わらない。
4～6ヵ月頃 はしゃぎ反応 愛着行動	あやすとニコニコ笑ったり、はしゃぐ。 みつめつづけて目をはなさない。 関わりの多い母親に愛着をよせる。 愛着の人がそばにいれば安心する。	あやしてもニコニコ笑ったり、はしゃがない。 目を合わせようとしても目が合わない。 母親と他の人とを区別しない。 母親がいてもいなくても変わりない。
7～8ヵ月頃 人見分け（人見知り） 後追い、 お語り（喃語）	見知らぬ人を見ると緊張したり泣く。 愛着の人（母親）の後を這い這いをして追う。 一日中ゴニョゴニョとお語りをする。	見知らぬ人を見ても、表情が変わらない。 周りの人に関係なく一人ですごす。 後追いをしない。 お語り（喃語）が乏しい。
9～10ヵ月頃 まねっこ芸 音声模倣	おつむてんてんやバイバイを真似する。 母親が「マーマー」というと真似をして「ンマンミャー」という。	おつむてんてんやバイバイに興味を示さない。 話す人の口元をみつめない。 母親の音声を真似しない。
11～12ヵ月頃 指さし行動 始語 ほめられること 叱られること 知的好奇心	人や物を見て、指さしをする。 大人が指さした先をみつめる。 始語（ンマンマ、ブーブー）が出る。 ほめられると嬉しそうな表情をする。 「ダメ・いけません」と注意されると行動をやめる。 いろいろな物に興味を示して、これなあに？　と聞く。	指さしをしない。 大人が指さした先をみつめない。 意味のある言葉を言わない。 「ダメ・いけません」と注意されてもやりつづける。ほめられても表情が変わらない。 いろいろな物に興味を示さない。 これなあに？　と聞かない。

メッセージ

現代は自閉症ということばが衆知されています。医学の分野から、また教育の分野から自閉症についての研究が進められてきました。

ところで、私は教育の分野から自閉症を追究してきました。長年にわたるたくさんの自閉症児とのとりくみから、自閉症は改善できること、知恵が発達すれば未来は明るくなることを学びました。我が子が自閉症と診断されても希望を持っていただきたいです。

さて、世にはたくさんの療育施設があり、それぞれの施設において自閉症の研究がなされて、それにもとづいた指導が行われています。

私の施設においては、長年のとりくみからあみだした呼吸援助抱っこと知育を主とする指導を展開しています。

呼吸援助抱っこのとりくみは、自閉症児は人と触れ合うことを避けて、ひとりボッチの世界で生きていることから、ひとりボッチの世界から何とか救い出してあげたいという思いからあみだしたものです。また、知育のとりくみは、自閉症児は認知能力を秘めているにもかかわらず障害のために、秘めている認知能力を生かすことができないでいることがわかったからです。

幼児期は認知能力が著しく発達する時期です。この時期を逃してはなりません。

幼児期の子どもは知育を求めています。呼吸援助抱っこと知育のとりくみは望外の成果をもたらしました。その結果、たくさんの子どもが普通児の世界に羽ばたいていきました。

現代は個性が尊重されていますが、たくさんの自閉症児のとりくみから、自閉症児の教育においては、子どもを受け入れながらもリードすることが肝要であることを教えられました。

第3章 みつめる目

みつめる目の育ち

みつめる目は知恵の発達をバックアップします

私がみつめる目を重視するのは、幼児の障害児教育をとおして、どんなに問題があっても、みつめる目が育つと、子ども自らが発達を図っていくようになることを学んだからです。

ところで、生まれて3ヵ月間は、赤ちゃんはよく泣きます。でも、泣くことで泣きに秘められている恵みを享受することができます。恵みを享受することで、芽生えてくるのが知恵です。3ヵ月頃から、だんだんと知恵がついていきます。

ところで、知恵が発達していくうえで不可欠なのは、外からの情報です。人は五感によって外からの情報を受け入れますが、目は外からの情報の80%を受け入れるとされています。私どもはテレビや新聞やスマホなどから、多くの情報をみつめる目で受け入れています。赤ちゃんも同様で、外界からの情報をみつめる目で受け入れています。

みつめる目が受け入れた情報は脳に送られて、脳が発達を図る糧となります。

ところで、母親が赤ちゃんを育てる時、たよりにするのは育児書です。育児書には赤ちゃんの育ちやお世話の仕方や赤ちゃんとの関わり方などの情報が満載されています。しかし、残念ながら、みつめる目についての記載がみあたりません。

そこで、私はみつめる目についての情報を世に伝えなければならないと思い立ちました。

お子さんのみつめる目の育ちはいかがですか？

抱き手の顔をみつめます

みつめることの最初の行為は、抱き手の顔をみつめることです。「オギャーオギャー」の音声を出した時、人々は抱っこをしてなだめます。泣きがおさまると、赤ちゃんは抱き手の顔をみつめてきます。抱き手の顔がぼんやり見えるので、みつめるのです。この時、抱き手が赤ちゃんの目をみつめると、アイコンタクトが起こります。

さて、アイコンタクトは赤ちゃんの、よく見えないという弱点がもたらすものです。もし、しっかりと見えていたら、赤ちゃんは周りをキョロキョロと見回して、抱き手の顔をみつめるどころではないでしょう。月齢が進むにつれて、視力が上がり視界が広がっていきます。そうなると周りを見るようになります。その前に、人をみつめる目を育てることが肝要です。

抱っこはみつめる目を育てます

アイコンタクトが出やすいのは抱っこをされている時です。抱っこはみつめる目を育てる最適の場面です。

首が座っていない場合の抱っこ

抱き手は片手で赤ちゃんの頭を支えて、もう一方の手で腰を支えて横抱きをします。

そして、赤ちゃんの背中を少しまるめるようにします。それから、赤ちゃんの視界に自分の顔をもっていきます。

首が座っている場合の抱っこ

抱き手は片手で赤ちゃんの頭を支えて、もう一方の手で腰を支えて縦抱きをします。そして、赤ちゃんの背中を少しまるめるようにします。それから抱き手は赤ちゃんがみつめやすい位置に顔をもっていきます。

さて、いずれの抱っこも赤ちゃんの背中をまるめるようにしますが、それは背中をまるめると赤ちゃんが呼吸がしやすくなるからです。呼吸が深まるとコンディションがととのって赤ちゃんは抱き手の顔をみつめるようになります。

みつめる目の働き

アイコンタクトをとったみつめる目は、その後どのような働きをするのでしょうか？

2ヵ月頃：顔の前にもってきた手指をしばらくみつめます

ハンドリガードで手指を動かし続けることが起こるのは、みつめ続けるからです。こうしたことから、みつめる目がハンドリガードを導いていることがわかります。

また、抱き手の顔をみつめてニコッと微笑んだり、「アーウー」とお語りをします。微笑みや「お語り」が出るのは、みつめるからです。みつめると呼吸が浅くなります。そこで、息を多めに吐くことが起こります。この時に「お語り」や微笑みが出るのです。

こうしたことから、みつめる目が微笑みや「お語り」をひき出すことがわかります。

３ヵ月頃：「イナイ　イナイ　バー」をみつめて「アハハハハ」と笑います

「アハハハハ」の笑い声ですが、「イナイ　イナイ　バー」をみつめると、息をつめてしまいます。そこで、ドッと息を吐くことが起こります。この時に「アハハハハ」の笑い声が出ます。こうしたことから、みつめる目が笑い声をひきだすことがわかります。

４ヵ月頃：近くにあるおもちゃに手を伸ばします

近くにあるおもちゃに手を伸ばす時、赤ちゃんはおもちゃをみつめつづけています。こうしたことから、みつめる目が手を伸ばす行為をひきだすことがわかります。

５ヵ月頃：積み木を移し替えます

右手に持っている立方体の積み木を左手に移し替えます。積み木を落とさないで移し替えることができるのは、みつめながら移し替えるからです。こうしたことから、みつめる目が移し替えをバックアップしていることがわかります。

6ヵ月頃：母親を見ると「抱っこしてー」と手をさし出します

母親を見ると甘えたくなるので、手をさし出します。こうしたことから、みつめる目が手をさし出す行為をひきだしていることがわかります。

7ヵ月頃：人見分けをします

人見分けは人をみつめて、見なれた人と見なれない人とを識別することによって起こるものです。こうしたことから、人見分けはみつめる目によってひきだされることがわかります。見なれた人とは、みつめる目によって記憶された人です。

8ヵ月頃：後追いをします

赤ちゃんは母親の姿をみつめながら這って、ひたすら後を追います。こうした姿から後追いは、みつめる目がリードしていることがわかります。

9ヵ月頃：まねっこ芸をします（おつむてんてん）

「まねっこ芸」の習得は、手本をみつめることから始まります。その流れは、手本をみつめる→芸を学ぶ→繰り返し学ぶことによって芸を記憶する→手本をみつめて芸を模倣するの流れです。こうしたことから、みつめる目が「まねっこ芸」の習得をリードしていることがわかります。

音声模倣をします

母親が「マーマー」と言うと、母親の口元をみつめながら、赤ちゃんが「ンマンミャー」と音声を模倣します。もし、みつめなければ音声模倣は出ません。こうしたことから、みつめる目が音声模倣をひきだすことがわかります。

10ヵ月頃：つたい歩きをします

赤ちゃんがテーブルにつかまって、つかまり立ちをしている時、テーブルの上にある菓子をみつけると、赤ちゃんは菓子をみつめながら、つたい歩きをします。こうしたことから、みつめる目がつたい歩きをリードすることがわかります。

11ヵ月頃：指さしをします

赤ちゃんは興味あるものを指さしします。指さしは興味あるものをみつめることによってひきだされます。また、指さしをしている時も、指さしている物から目を離しません。こうしたことから、指さしのバックにはみつめる目の働きがあることがわかります。

12ヵ月頃：適切な把握をします

赤ちゃんは物によって把握の仕方を変えます。たとえば、小さい物は鉗子握《かんしにぎ》りをします。物によって親指と人さし指とを対向させたり、または親指と人さし指・中指とを対向させて把握します。物によって把握の仕方が異なるのは、把握する物をみつめるからです。こうしたことから、適切な把握のバックには、みつめる目の働きがあることがわかります。

さて、０歳代の発達途上に出る諸行動から、みつめる目がどのような働きをしているかをみてまいりました。いずれの行動にもみつめる目の働きが確認できました。ということは、みつめる目は赤ちゃんの発達をにぎるカギであると言っても過言ではないということです。

改めて、新生児期のアイコンタクトがどんなに大切な行動であるかがわかります。

みつめる目のまとめ

1歳半頃になると、はめこみボックスに興味を持つようになります。はめこみボックスで遊んでいる子どもの様子を観察すると、子どもはボックスの穴をみつめながら積み木を穴にはめこもうとします。穴に入らないといくつかの積み木をはめこむことを試みます。失敗したあげくに、該当する積み木をはめこむことに成功します。

さて、子どものはめこみパズルの遊びを見ていると、目と手が該当する穴に積み木をはめこむという目的に向かって、助け合って働いていることがわかります。こうした動作は目と手の協応動作と称されるものです。この目と手の協応動作は、その後のさまざまな遊びでもみられます。たとえば、切り紙では、切る紙をみつめながらハサミを動かします。なぞり描きでは、なぞるべき線をみつめながら、クレヨンを動かします。粘土遊びでは、粘土をみつめながら手を動かして、団子を作ります。

では、大人はどうでしょうか。目と手の協応動作は日常生活のいたるところでみられます。野菜を包丁で切る作業、縫い物をする作業、絵を描く作業、工芸品を作る作業などです。手作業は目と手の協応動作に尽きると言っても過言ではありません。

ところで、人は普段、みつめる目について、関心を持つことはほとんどありません。意識しないでみつめているからでしょう。

考えてみると、みつめなくては何事もなすことができませんね。みつめなければ、安全に歩行をすることも、家事をすることも、何らかの仕事をすることもできません。

子どもはみつめなければ勉強もスポーツもできません。こんなに大事な働きを担っているみつめる目は赤ちゃん時代に育ちます。

ところで、みつめる目の働きを知ると、うちの子はみつめる目が育っているかしら？と心配になりますね。

みつめる目が育っている赤ちゃんは、３～４ヵ月頃に「イナイ　イナイ　バー」を見ると「アハハハハ」と笑ってはしゃぎます。はしゃぎ反応が出れば大丈夫です。

３～４ヵ月頃までにみつめる目の土台が育つからです。

従って、新生児期からつとめて抱っこをしてアイコンタクトを育てることに努力することが大切です。

アイコンタクトをとったみつめる目は、月齢が進むにつれて、さまざまな事柄を学ぶ目へと成長して、知恵の発達をバックアップします。

あとがき

私の耳に留まっていることばがあります。それは菊作りの名人が語った「酸素だよ」の一言です。

私は大学1年の夏に菊作りの名人の作業を手伝いました。

私の仕事は温室の土壌を鍬で耕すことで、連日耕し続けました。

そこで、私は「どうしてこんなに耕すのですか」と尋ねると、名人は「酸素だよ」と言われました。繰り返し耕すのは土壌に酸素を入れるためだったのです。その一言は後に、私の人生の方向を決定づけるほどのことばとなりました。

その後、私は幼児の障害児教育の道に進み、乳幼児の発達について考察するようになりました。さまざまな視点から、乳幼児の発達について考察を進めましたが、最後に到達したのが、赤ちゃんの泣きです。

赤ちゃんの泣きを考察した結果、一口に泣きと言っても「オギャーオギャー」の音声は、0～2ヵ月頃までは無意識な呼気音で、3ヵ月頃から意識ある呼気音となることと、赤ちゃんの泣きにはたくさんの恵みが秘められていることと、泣きの恵みが発達の土台づくりに関与していることが追究できました。

赤ちゃんが泣くとどうなるかと言えば、それは酸素をたくさんとり入れることができるようになることです。

改めて、私は菊作りの名人の「酸素だよ」のことばの重みをかみしめることとなりました。菊はよく耕された土壌から酸素をとり入れ、他方赤ちゃんは「オギャーオギャー」の呼気音を発することで酸素をとり入れます。

菊の育ちを支えるのも、赤ちゃんの育ちを支えているのも酸素であることに感嘆を覚えます。赤ちゃんが泣くことは、土壌を耕すことに相当するわけです。

赤ちゃんは泣かざるを得なくて泣いているのです。赤ちゃんの泣きを応援したいものですね。

ところで、現代は不登校やひきこもりが社会問題となっています。私が子どもの頃には考えられないことでした。

不登校やひきこもりについて、さまざまな分野の方々が対策に尽力されていますが、年々増加傾向にあり、先が見えません。

私は卒園児たちが不登校やひきこもりをしないで、たくましく学校生活を送っている姿から、不登校やひきこもりについて、呼吸という視点から考えるようになりました。

ある小学生の話ですが、ある日授業中に突然大声で「ワァーワァー」と泣き出して、しばらく泣き続けました。その後不登校になったそうです。

私はこの話を聞いた時、当施設の卒園児の手紙に書かれていたことを思い出しました。

彼が小学4年生の時、次のような便りを送ってきました。

「僕にとって、45分間の授業は大変です。前をみつめ続けていると、息苦しくなるからです。そんな時、僕は友達にわからないように息をフーと吐いたり、口の中で歌をうたうようにしています」

……私は彼の便りを読んで、彼が呼吸をととのえる術を身につけていることに驚きました。彼には在園中の数年間にわたる呼吸援助抱っこの体験が生きているんだと思いました。

2人の子どもの行動から、授業中に前をみつめ続けて学習をすると、呼吸が浅くなることが推察できました。

私どもは気がついていませんが、私どもの行動は、意外と呼吸に左右されているものです。

こう考えると、赤ちゃんの時期から深い腹式呼吸ができるように育てることがどんなに大切なことかが推察できます。泣きに秘められている恵みを享受して育つ赤ちゃんは幸せです。

時代は変わっても、赤ちゃんが「オギャーオギャー」と泣くことは、昔も今も変わりません。赤ちゃんは「オギャーオギャー」と泣きながら育ちます。それ故に、「オギャーオギャー」の泣きについて、正しい認識をもって、赤ちゃんに対応することが求められます。

昔は赤ちゃんが泣けば抱っこをしてなだめました。ところが、現代はあふれるばかりのおもちゃやテレビやCD、スマホなどでなだめる傾向にあります。つまり、抱っこに替わる物でなだめます。

実は、赤ちゃんが最も求めているのは、昔も今も抱っこです。その抱っこもオアシスのような抱っこです。

「泣いたら抱っこをする」これが赤ちゃんの泣きへの最善の対応です。

私は60年余、赤ちゃんの呼吸について追究してきましたが、先人が残した「赤ちゃんは泣くことがお仕事、泣くと肺が丈夫になる」のことばは、後世に伝えたい名言だと思います。

拙著『赤ちゃんの泣きに秘められている恵みのヒミツ』をお読みいただき有難うございました。

赤ちゃんの泣きについてのイメージが変わられたでしょうか？

赤ちゃんは泣かなければならないことをご理解いただけたら幸いです。

著者プロフィール

井上 正信（いのうえ まさのぶ）

こども発達支援ホーム いわしろ 施設長

1937年　鳥取県に生まれる
1960年　静岡大学農学部卒業
1961年　静岡大学農学部専攻科修了
1961年　静岡県磐田市に磐田養鶏研究所を設立、鶏の品種改良に携わる
1964年　同市に赤松言語療育園を設立、乳幼児の障害児教育に携わる
1967年　佛教大学文学部社会福祉学科卒業
2006年　赤松言語療育園を「こども発達支援ホーム いわしろ」と改称し、現在に至る
2022年　乳児アイコンタクト子育て研究所「にじのわ」を設立

1964年以来、発達に問題のある子どもの教育および子育て相談に携わる。
主な資格は、柔道整復師（接骨）、調理師、あん摩マッサージ指圧師。

（既刊書）
『自閉傾向は生まれて三ヵ月でわかる。―こどもを救う呼吸援助だっこ―』（2009年、静岡新聞社）
『ことばの発達は新生児期から始まる―ことばの源は呼吸です―』（2012年、静岡新聞社）
『手は知恵を育む―乳幼児期の手の発達―』（2015年、静岡新聞社）
『赤ちゃんのみつめる目　子育てで不安なお母さんに伝えたい「赤ちゃんの秘密」』（2017年、現代書林）
『赤ちゃんは発達の土台を生まれて３ヵ月で育む　太平洋戦争で命を捧げられた人々の英霊に捧げる書』（2021年、文芸社）

●こども発達支援ホーム いわしろ
〒438-0005　静岡県磐田市匂坂上1263-3
TEL・FAX：0538-38-2001
http://iwasiro.server-shared.com/

赤ちゃんの泣きに秘められている恵みのヒミツ
「オギャーオギャー」の泣きは赤ちゃんの宝物

2023年7月15日　初版第1刷発行

著　者　井上 正信
発行者　瓜谷 綱延
発行所　株式会社文芸社
〒160-0022　東京都新宿区新宿1－10－1
電話　03-5369-3060（代表）
03-5369-2299（販売）

印刷所　株式会社平河工業社

ISBN978-4-286-24386-3